修订
珍藏版

落实要讲方法

Effective Methods to Carry it Out

刘玉瑛
著

新 华 出 版 社

图书在版编目（CIP）数据

落实要讲方法 / 刘玉瑛著. -- 修订本.
-- 北京：新华出版社, 2019.6（2025.2重印）
ISBN 978-7-5166-4722-6

Ⅰ. ①落… Ⅱ. ①刘… Ⅲ. ①中国共产党－干部教育－学习参考资料 Ⅳ. ①D262.3

中国版本图书馆CIP数据核字(2019)第134800号

落实要讲方法（修订本）

作　　者：刘玉瑛

选题策划：黄春峰　　**封面设计：**刘宝龙
责任编辑：沈文娟　祝玉婷

出版发行：新华出版社
地　　址：北京石景山区京原路8号　　**邮　　编：**100040
网　　址：http://www.xinhuapub.com
经　　销：新华书店、新华出版社天猫旗舰店、京东旗舰店及各大网店
购书热线：010－63077122　　**中国新闻书店购书热线：**010－63072012

照　　排：六合方圆
印　　刷：大厂回族自治县众邦印务有限公司

成品尺寸：170mm×240mm
印　　张：15.75　　**字　　数：**170千字
版　　次：2019年9月第一版　　**印　　次：**2025年2月第四次印刷

书　　号：ISBN 978-7-5166-4722-6
定　　价：40.00元

前言

“关键在于落实”，是人们耳熟能详的一句话。这句话言简意赅地说明了落实的重要性。但我们明确了落实的重要性，并不等于责任、政策和工作任务就得到了有效的落实。正像毛泽东同志所说的：“我们不但要提出任务，而且要解决完成任务的方法问题。我们的任务是过河，但是没有桥或没有船就不能过。不解决桥或船的问题，过河就是一句空话。不解决方法问题，任务也只是瞎说一顿。”[1]

由此而言，要真正有效地把责任、政策和工作任务落实好，还需要有正确的方法。方法之于“落实”，就好像过河的船和桥一样的重要。因为“任何出色的战争，都是讲求方法的战争”。拿破仑的话道出的是真谛。事实上，“任何高效、出色的落实，也都是讲求方法的落实”。

在工作中，有时候落实主体并非是不想落实自身所承担的责任和工作任务，也不是不想抓好上级决策、政策的落实，而是在落实责任和工作任务或抓落实工作的过程中，缺乏落实或抓落实工作的有效方

1.《毛泽东选集》第 1 卷，第 139 页，人民出版社，1991 年 6 月第 2 版。

法与技巧，结果“播下的是龙种，收获的是跳蚤”，落实成了空话。

正因为如此，我撰写了《落实要讲方法》一书，归纳、总结、提炼人们在“落实”实践中的做法和经验，为落实主体完成工作任务或抓落实提供可资借鉴的方法与技巧。概括说来，我认为，该书有以下四个特点：

一是材料新颖。在选材上，我力求选择那些有趣味性，能引人入胜、耐人寻味的材料来对落实的方法进行解读，希望能给读者提供可以感悟“应该怎样做”的生动实例。

二是结构独特。该书虽然各个问题独立成篇，但彼此间依然有着内在的逻辑联系。读者可以根据自己工作的需要，或全面阅读，或选择其中的篇章来浏览。

三是篇幅短小。俗话说：“浓缩的都是精华。”我自然不敢称该书都是精华，但我却是力求做到篇幅短小精悍，以适应读者工作忙，时间紧的特点。希望能使读者在较少的时间里获取更可能多的有用信息。

四是实用性强。该书从思维、领导、执行、机制和技巧等五个方面，总结、探讨了有效促进落实主体高效落实的方法。这些方法既有思想方法，也有落实艺术；既有基本方法，也有特殊技巧。

虽然这些方法、技巧相对于林林总总的“落实”方法而言，难免挂一漏万，但我认为，它却是落实主体提升落实能力、促进高效落实所必不可少的方法。因为它所探讨的多是落实中人们经常遇到的重点、难点和关键点的问题，给出的多是实践证明行之有效的经验与对策。

我虽然在撰写该书时，下了不少功夫，但由于视野所限，论述的方法和引用的实例，难免会有不尽如人意之处，敬请读者批评指正。

另外，我在撰写本书的过程中，引用了一些典型材料作为实例，在此，谨向各位作者致以诚挚的谢意！

同时，我还想对新华出版社副社长黄春峰先生和编辑室的沈文娟女士说一句“谢谢”。感谢他们对本书出版的支持，他们为本书的“问世”付出了辛勤的劳动。

刘玉瑛

2019 年 5 月 26 日

目 录
CONTENTS

落实，必须从领导干部做起。想要群众理解的，领导干部首先要理解；想让群众做到的，领导干部首先要做到；要求群众不做的，领导干部首先要不做。

有人说："三分战略，七分执行。"这句话有一定的道理。执行，是落实主体不可或缺的素质和能力要求。不找任何借口地完成任务，是具有执行力的表现。

第四章 落实方法千种万种，制度机制重要一种 / 151

完善健康的落实制度机制，保证现有落实制度机制的有效运转，约束创立制度机制的人不践踏制度机制，是当前落实工作的重中之重。

第一章 打开思维活动空间，在无路处找到出路

打开了思维活动的空间，解决了思想认识问题，落实主体就能在小路上找到大路，在没有路的地方找到出路，而且条条道路都能通罗马。

“一个人的成功，不仅在于经验和知识，还决定于他的思维方式。”这句话道出了问题的关键。因为思维决定思想，思想决定思路，思路决定行为，行为决定结果。所以，落实或抓落实，首先，就要解决思维问题，打开思维活动的空间，以免陷入“霍布森思维”的困境，影响落实或抓落实。

霍布森，是16世纪英国的一位做马匹生意的商人。他面对前来洽谈生意的顾客，总是说：你们买马或租马都行，我的马匹价格优惠，但有个条件：只能在马圈门口挑选马。

原来，他的马圈虽然大，马匹虽然多，但马圈的出口却只是一个非常小的门。健壮的马、个头大的马根本出不去，能出去的只是那些瘦马和小马。

霍布森的“选马方式”，被人们称之为“霍布森思维”。这是一种僵化的、封闭的思维。谁掉进这个陷阱，谁就会受到制约，就会在困难面前束手无策，就会在落实或抓落实时，缺乏创新的思路。

因此，打开思维活动的空间，解决思维、认识问题，是落实或抓落实的首要问题。因为思想方法决定工作方法。

打开了思维活动的空间，解决了思想认识问题，落实主体就能在小路上找到大路，在没有路的地方找到出路，而且条条道路都能通罗马。

1. 认清不落实的危害，提高认识保证落实

山西省政协前副主席吕日周在担任长治市委书记时，经常对全市的干部们讲：开会＋不落实＝0；布置工作＋不落实＝0。

事实上，岂止是等于零？正确的战略部署确定之后，完善的规章制度制定之后，科学的决策目标提出之后，如果不能真正有效地落实，其后果，不仅仅是等于“零”，有时甚至是比等于“零”，还要糟糕得多。

第一，不落实，组织的生存发展将受到严重威胁。这句话，绝不是危言耸听。即使一个组织再辉煌，如果安全生产责任制不落实，一个安全生产责任事故的发生，就足以毁掉它。

2006 年 11 月 25 日，鸡西市恒山区远华煤矿发生瓦斯爆炸事故，21 人遇难，6 人下落不明。事故发生后，黑龙江省决定对因违规开采，造成重大瓦斯爆炸事故的远华煤矿，实行永久关闭。[1]

2010 年 6 月 21 日 1 时 40 分许，河南省平顶山市卫东区兴东二矿井下发生一起炸药爆炸事故，事故发生时井下有作业人员 75 人，事故

1. 东北网：《鸡西市恒山区远华煤矿发生瓦斯爆炸事故》，2006 年 11 月 26 日。

发生后有26人获救升井。事故共造成49人遇难、26人受伤(其中7人重伤)。最终，责任人被追究刑事责任，矿井被关闭。[1]

2017年10月30日，武安市矿山镇矿山村东家沟铁矿井下着火后隐瞒不报，且采取压风等不当措施，至11月6日，大量有毒有害气体涌入相邻的五矿邯邢矿业有限公司西石门铁矿中采区，造成8人死亡、1人受伤，直接经济损失约996万元。

事故发生以来，公安机关已对东家沟铁矿胡海鸥、甘启海等33人以涉嫌重大责任事故罪、非法采矿罪、窝藏罪等立案侦查并采取强制措施，其中，批准逮捕18人，取保候审15人。[2]

这就是“100 － 1 ＝ 0”。

第二，不落实，人民群众就要付出生命的代价。近些年来，我们国家的生产领域频频发生重大的灾难性事故。

2015年8月12日，位于天津市滨海新区天津港的瑞海公司危险品仓库发生火灾爆炸事故，造成165人遇难（其中参与救援处置的公安现役消防人员24人、天津港消防人员75人、公安民警11人，事故企业、周边企业员工和居民55人）、8人失踪（其中天津消防人员5人，周边企业员工、天津港消防人员家属3人），798人受伤（伤情重及较重的伤员58人、轻伤员740人），304幢建筑物、12428辆商品汽车、7533个集装箱受损。截至2015年12月10日，依据《企业职工伤亡

1. 新浪网：《三部委通报平顶山致49死矿难 称监管严重失职》，2010年6月28日。
2. 新华网：《河北：一矿难造成8人死亡 隐瞒不报多人受处理》，2018年6月12日。

事故经济损失统计标准》等标准和规定统计，已核定的直接经济损失68.66亿元。

经国务院调查组认定，天津港“8·12”瑞海公司危险品仓库火灾爆炸事故是一起特别重大生产安全责任事故。[1]

2019年3月21日江苏盐城响水陈家港天嘉宜化工厂（生产农药）发生爆炸！截至24日中午12时，本次爆炸事故救治伤员604人，危重19人，重症98人，出院59人，留院观察142人。[2] 另据央视新闻3月25日报道，事故已经造成78人遇难。

这些灾难性事故，几乎毫无例外地，都是安全生产责任制不落实的结果。

通过检索国家安全监管总局办公厅2018年2月7日发布的《国家安全监管总局办公厅关于督促整改安全隐患问题的函》，在江苏天嘉宜化工有限公司出现的有关安全隐患清单中，竟然高达13项，具体如下：

1. 主要负责人未经安全知识和管理能力考核合格；

2. 仪表特殊作业人员仅有1人取证，无法满足安全生产工作实际需要；

3. 生产装置操作规程不完善，缺少苯罐区操作规程和工艺技术指标；无巡回检查制度，对巡检没有具体要求；

4. 硝化装置设置联锁后未及时修订、变更操作规程；

1. 中国广播网：《“8·12”天津滨海新区爆炸事故调查报告公布》，2016年2月5日。
2.《今晚报》：《响水爆炸事故已救治伤员604人，搜救仍在继续》，2019年3月24日。

5. 部分二硝化釜的 DCS 和 SIS 压力变送器共用一个压力取压点；

6. 构成二级重大危险源的苯罐区、甲醇罐区未设置罐根部紧急切断阀；

7. 部分二硝化釜补充氢管线切断阀走副线，联锁未投用；

8. 机柜间和监控室违规设置在硝化厂房内；

9. 部分岗位安全生产责任制与公司实际生产情况不匹配，如供应科没有对采购产品安全质量提出要求；

10. 现场管理差，跑冒滴漏较多；现场安全警示标识不足，部分安全警示标识模糊不清，现场无风向标；

11. 动火作业管理不规范，如部分安全措施无确认人、可燃气体分析结果填写“不存在、无可燃气体”等；

12. 苯、甲醇装卸现场无防泄漏应急处置措施、充装点距离泵区近，现场洗眼器损坏且无水；

13. 现场询问的操作员工不清楚装置可燃气体报警设置情况和报警后的应急处置措施，硝化车间可燃气体报警仪无现场光报警功能。

试想，如果这些安全隐患清除了，还会造成 78 人遇难、危重 19 人，重症 98 人的严重恶果吗？

数字是枯燥的，但枯燥的数字显示的却是安全生产责任制如何落实的紧迫问题；数字是没有生命的，但无生命的数字显示的却是人民群众鲜活生命的丧失。

第三，不落实，领导干部将会受到问责的处理。在领导活动中，责、权、利三者是统一的。在这三者中，“责”是第一位的。有其权，享其利，就要负其责。如果不能负其责，将会受到问责的处理。

2016 年 6 月 28 日，中共中央政治局召开会议，审议通过《中国共产党问责条例》，并自 2016 年 7 月 8 日起施行。本条例的作用就是“以问责倒逼责任落实”。

党的问责工作是由党组织按照职责权限，追究在党的建设和党的事业中失职失责党组织和党的领导干部的主体责任、监督责任和领导责任。

近些年来，被“问责”的领导干部为数不少。据国务院办公厅关于督查问责典型案例通报：“2017 年 2 月至 5 月，国务院办公厅会同监察部等有关部门，对国务院第三次大督查、审计署跟踪审计及部门专项督查发现的中央预算内投资项目进展迟缓、财政资金闲置沉淀、涉企乱收费、落实‘放管服’改革政策不到位、公租房大量空置、医保基金管理使用不到位以及套取挪用侵占保障性住房资金、扶贫资金等方面突出问题，组织开展了核查问责工作。各有关地方和部门经认真核查，依法依规对 117 个问题涉及的 1089 人进行了问责和处理。”[1]

据《南方先锋号》2018 年 6 月 28 日报道：“2017 年以来，韶关以疾风厉势治庸问责，严肃查处不担当、不作为等‘为官不为’问题，使失责必问、问责必严成为常态，全市共问责党员干部 437 人，给予党纪政务处分 187 人，采取组织处理、诫勉处理等方式问责 250 人。”

1.《国务院办公厅关于督查问责典型案例的通报》，中华人民共和国中央人民政府网，2017 年 6 月 15 日。

认清不落实的种种危害，会提升落实主体对落实或抓落实重要性、必要性的认识。而对落实或抓落实重要性、必要性的认识，是落实到位的前提条件。

要知道，“我们的所有成就，都是干出来的。这里的关键，就是始终注重抓落实。如果落实工作抓得不好，再好的方针、政策、措施也会落空，再伟大的目标任务也实现不了”。[1]

1. 习近平：《关键在于落实》，人民网，2011 年 3 月 16 日。

2. 落实就是解决问题，但发现问题是前提

家原卜传是日本的著名剑道大师。卜传有三个儿子，都跟着他学习剑道。

有一天，卜传想测试一下三个儿子对剑道的掌握程度，便在自己的房门帘上放置了一个小枕头。只要有人进门时，稍微地碰动一下门帘，小枕头就会落到那个人的头上。

卜传先叫大儿子进来。大儿子走近房门，发现了门帘上的枕头。于是，他将枕头取下，进门之后又放回原处。

接着，二儿子被叫了进来。二儿子碰动了门帘，门帘上的枕头滚落下来。当他看到枕头即将落下时，便用手抓住了枕头，然后又轻轻地放回原处。

最后，三儿子急匆匆地跑了进来。门帘被三儿子碰动了，小枕头直奔他而来。他立即挥剑将其斩为两截。

测验结束了，卜传对大儿子讲："你已经完全掌握了剑道。"随之给了他一把剑。又对二儿子说："你还要苦练才行。"最后，他把三儿子狠狠地训斥了一通。卜传告诉三儿子："你这样做是卜传家族

的耻辱。”

大儿子为什么能够获得奖赏？因为他能未雨绸缪，敏锐地发现存在的问题，并将问题消灭在萌芽之中；

二儿子为什么还要苦练？因为他不能及时发现问题；

三儿子为什么会受到训斥？因为他不仅没能及时发现问题，而且当他发现问题时，又用极端的手段来处置，结果，枕头被毁坏了，一个新的问题又被他给“制造”了出来。

这个故事可以给我们这样的启示：发现问题，有时比解决问题还要重要。落实也是如此。

要想有效落实，必须了解不落实或落实不力的现象都有哪些，这样，我们才能未雨绸缪，将不落实或落实不力的问题消灭在萌芽状态。

概括说来，常见的不落实或落实不力的问题主要表现在以下几个方面：

第一，光说不练。光说不练，就是人们常说的“干打雷不下雨”现象。一些人靠会议去落实会议，靠文件去落实文件，靠讲话去落实讲话。他们习惯于做“收发室”，当“传声筒”。认为只要是会开了，文件发了，话讲了，工作任务就算落实了。结果是，层层喊落实，层层不落实。

这让我想起了小学语文课本里《寒号鸟》的寓言故事。故事说：

山脚下有一堵石崖，崖上有一道缝，寒号鸟就把这道缝当作自己的窝。石崖前面有一条河，河边有一棵大杨树，杨树上住着喜鹊。寒号鸟和喜鹊面对面住着，成了邻居。

几阵秋风，树叶落尽，冬天快要到了。

有一天，天气晴朗。喜鹊一早飞出去，东寻西找，衔回来一些枯草，就忙着做窝，准备过冬。寒号鸟却整天出去玩，累了就回来睡觉。喜鹊说："寒号鸟，别睡了，大好晴天，赶快做窝。"

寒号鸟不听劝告，躺在崖缝里对喜鹊说："傻喜鹊，不要吵，太阳高照，正好睡觉。"

冬天说到就到，寒风呼呼地刮着。喜鹊住在温暖的窝里。寒号鸟在崖缝里冻得直打哆嗦，不停地叫着："哆啰啰，哆啰啰，寒风冻死我，明天就做窝。"

第二天清早，风停了，太阳暖暖的，好像又是春天了。喜鹊来到崖缝前劝寒号鸟："趁天晴，快做窝，现在懒惰，将来难过。"

寒号鸟还是不听劝告，伸伸懒腰，答道："傻喜鹊，别啰唆，天气暖和，得过且过。"

寒冬腊月，大雪纷飞。北风像狮子一样狂吼，崖缝里冷得像冰窖。寒号鸟重复着哀号："哆啰啰，哆啰啰，寒风冻死我，明天就做窝。"

天亮了，太阳出来了，喜鹊在枝头呼唤寒号鸟。可是，寒号鸟已经在夜里冻死了。

其实，那些光说不练的落实主体，就是"寒号鸟"。要知道，光说不练，早晚也会如"寒号鸟"一般被"冻死"。

第二，"好经"念歪。上级的战略部署、工作要求，一级一级地被有些人淡化，一层一层地被有些人剥离。结果，高层还是一本书，中层就变成一张纸，基层则成了一句话，有的甚至连一句话也没有了。

正像有的同志所讲的，连“经”都念歪了，都念没有了，还谈什么贯彻落实?

说到连“经”都念歪了，请看张强红所撰写的题为《执纪监督切忌“把好经念歪”》一文。文章说：

一则题为《市纪委突击检查教育局办公用房》的某市纪委的一份通报公文，在微信朋友圈转发，围绕着“检查办公室时，发现抽屉有烟、咖啡、零食以及文件柜出现小说、散文等与工作无关的书籍”等通报内容，引发了热议和关注。

突击检查，作为执纪监督的一种方式，是全面从严治党要求的题中之义，无可厚非。该市纪委突击检查市教育系统办公用房，符合执纪监督的范围，拧紧的是规范党政机关办公用房管理的“紧箍咒”。但从通报的内容可窥一斑，连“办公室盆栽超过两盆”都记录在案，不得不令人怀疑，这样的执纪监督是不是有“标准加码”“剑走偏锋”“矫枉过正”之嫌呢？相信公众的心里都有一把尺，“引来吐槽”就是最好的佐证。

该市纪委突击检查的这种作派，典型的“把好经念歪”，损害的是权力的公信力。4 月 26 日，该市通过微信公众号回应称，此次突击检查行为，对照执纪要求和程序，存在标准把握不准、检查方法不当、工作程序欠妥的问题。“举一反三，认真吸取教训，进一步规范监督检查行为，确保中央、省委、市委的决策部署不走调不偏向”。[1]

亡羊补牢，犹未晚矣。希望该市真正能做到“举一反三，认真吸取教训，进一步规范监督检查行为，确保中央、省委、市委的决策部署不走调不偏向。”

同时也希望其他地方的落实主体能够从中汲取教训，不折不扣地落实党的路线方针政策，落实上级的决策部署，千万别把“好经”念歪。

第三，不推不动。有的落实主体，对上级的战略部署和工作安排，总是被动地应付。推一推，动一动，不推不动，有的甚至是推也不动。用东北人的话讲，就是属烧火棍的，不拨弄不动。好像工作就是给领导干的，上级领导不在面前“督战”，下属就无所谓。做一天和尚撞一天钟，甚至是做和尚也不撞钟。

第四，临阵磨枪。有的落实主体做工作好像专门是做给上级领导看的，给上级部门看的。听说上级领导、上级部门要来检查了，就赶紧“临阵磨枪”，突击一阵。等上级领导、上级部门的检查一过去，就“刀枪入库”、“马放南山”，弃之不顾了。

第五，相互推诿。这种现象通俗点说，就是踢皮球，推磨转圈。有的人，遇到需要落实的工作，你推给我，我推给你，“甲让乙处理，乙叫丙合计，丙请丁斟酌，丁等甲审批”。推来推去，谁也不负责任。

---

1. 张强红：《执纪监督切忌“把好经念歪”》，人民网－中国共产党新闻网，2018 年 4 月 28 日。

上述这些现象，极大地妨害着工作任务的有效落实。因此，每个落实主体都应该认真地自查一下，看看自身是否存在这些问题。如果存在这些问题，就要着手认真地加以改正。

如果不改正，根据2018年10月1日起施行的《中国共产党纪律处分条例》（以下简称《条例》）列出的负面清单，是要根据情节轻重，受到党纪处分的。《条例》规定：

党员领导干部在本人主政的地方或者分管的部门自行其是，搞山头主义，拒不执行党中央确定的大政方针，甚至背着党中央另搞一套的，给予撤销党内职务、留党察看或者开除党籍处分。

第五十条　落实党中央决策部署不坚决，打折扣、搞变通，在政治上造成不良影响或者严重后果的，给予警告或者严重警告处分；情节严重的，给予撤销党内职务、留党察看或者开除党籍处分。

第一百二十二条　有下列行为之一，造成严重不良影响，对直接责任者和领导责任者，情节较轻的，给予警告或者严重警告处分；情节较重的，给予撤销党内职务或者留党察看处分；情节严重的，给予开除党籍处分：

（一）贯彻党中央决策部署只表态不落实的；

（二）热衷于搞舆论造势、浮在表面的；

（三）单纯以会议贯彻会议、以文件落实文件，在实际工作中不见诸行动的；

（四）工作中有其他形式主义、官僚主义行为的。

2019 年 2 月，媒体接连报道了河北省石家庄市鹿泉区“削山造地”和保定市徐水区“20 天征地万亩”、满城区“削山造地建别墅群”、涞水县“一个项目独享 2000 亩生态大湖”4 个问题。

2019 年 5 月 10 日《河北日报》报道，河北省委办公厅、省政府办公厅印发《关于石家庄市鹿泉区和保定市部分县（区）项目违法建设、违规收储土地问题的通报》（以下简称《通报》）。

由《通报》可见，河北省对相关责任人进行了严肃问责。共有 9 名厅级干部受到处分，其中邢台市委常委、常务副市长周永会因有令不行、有禁不止、滥用职权，被撤销党内职务、政务撤职，按正处级非领导职务安排工作。

此外，石家庄、保定各有 3 名（原）副市长受到党内警告处分。

《通报》指出，河北全省各级各部门一定要深刻汲取教训，举一反三、引以为戒，牢固树立“四个意识”，坚决做到“两个维护”，严守政治纪律和政治规矩，确保习近平总书记重要指示批示和党中央决策部署在河北不折不扣落实落地。

3. 探究问题症结所在，寻求解决问题之道

华佗，是我国古代著名的医学家。他给人诊病，总是先弄清病源所在，然后根据实际情况对症下药。

有一次，府吏倪寻和李延二人一道来找华佗看病。他们都是头痛发热。

华佗诊断之后说：“倪寻应当用泻药，而李延则应当用发汗药。”

二人感到很奇怪，便问华佗：“我们都是头痛发热，为什么你却给开不同的药？”华佗解释说：“倪寻外实，李延内实，所以医治的方法不同。”

二人按照华佗的药方服药后，第二天便都痊愈了。后来人们便根据这个故事概括成“对症下药”这一成语，比喻具体情况要具体地分析处理。

落实也是如此，必须要探寻不落实或落实不力的主要根源。这样，才能抓住问题的症结所在，以便对症下药，把工作任务落实好。

就我国目前的情况来看，不落实或落实不力的主要根源主要表现在以下几个方面：

第一，缺乏落实意识。所谓落实意识，就是落实的观念深入人的内心，并外化为自觉的行动。

有一位领导干部讲，他在某县担任县委书记时，给县委办公室的一位同志布置了一项工作。过几天，他去询问这位干部，这项工作落实了没有，结果，这位干部瞪大了吃惊的眼睛问："您怎么还没忘？过去给我布置工作的干部，我没落实，他早就忘了。"

我们看，不管是接到工作任务不去落实的干部，还是部署下工作任务不去检查是否落实的干部，缺少的都是落实的意识。正因为一些落实主体缺少落实的意识，所以，有任务不完成，有制度不遵守，有规则不遵循的现象屡见不鲜。

说到有制度不遵守，有规则不遵循，媒体上曾经登载过这样一个故事：

有一位在美国留学的中国学生，交了个美国女朋友。一天傍晚，他跟女朋友开车进城。走在十字路口，红灯亮了。他看看左右没有警察，路口也没有摄像头，就开着车闯过了红灯。

晚上回家之后，女朋友收拾好自己的东西要离开他。他不解地问："你为什么要离开我？"女朋友回答："你连红灯都敢闯，还有什么不敢干的？"

这位留学生学成归国之后，结识了一位中国姑娘。接受在美国的教训，他在过马路时，再也不敢闯红灯。

有一天，他跟女朋友上街，遇到了在美国相似的情况。面对红灯，虽然没有警察、没有摄像头，他依然等待在路口。

女朋友说："等什么呢，等菜呢。还不赶紧开过去。"他看了一眼女朋友，没理会，一直坚持到绿灯亮了才开过去。

晚上回到家，女朋友也跟他吹了。他奇怪地问："你怎么也跟我吹了？"中国女友对他说："你连红灯都不敢闯，还能干什么？"

这个故事是真是假，我无法判定，但这个故事无论是真是假，都形象地说明了有落实意识和没有落实意识的区别。

一个具有落实意识的人，不管是否具有外力推动，是否具有外力监督，他都会一丝不苟地按照规则、制度要求去做；而一个没有落实意识的人，则是在有外力推动、外力监督的情况下，可能会按照规则、制度要求去做，否则，就放任自流了。

事实上，在我们的许多地方和部门，像这种缺乏落实意识的干部员工也是屡见不鲜的。遇到问题，能推就推，能躲就躲，能将就则将就，在其位而不能谋其政，任其职而不能负其责。

正因为有些人缺乏落实的意识。所以，纸上谈兵的多，落到实处的少。结果，有制度而不执行，有规则而不遵守，有任务而不完成。

第二，上下不能同欲。孙子说："上下同欲者胜。"现在我们有些单位和部门的决策和战略目标不能得到有效落实的一个重要原因，就是落实主体对上级的战略决策和战略目标没有真正地理解，或者根本就不了解上级的决策和战略目标，"上下无法同欲"。

如果落实主体对要落实的战略决策和战略目标不了解、不理解，他怎么可能去落实呢？

北京有一家咨询机构曾经对一家纺织品公司进行过一次大规模的

员工调查。结果发现，被调查的员工中，70%以上的人不了解公司的战略，43%的中层干部不了解公司的战略。[1]

2018年7月3日，习近平总书记在全国组织工作会议上发表了重要讲话，这次讲话提出并深刻阐明了新时代党的组织路线，对新时代党的组织工作做出了重要的战略部署。

习近平总书记的这一讲话发表之后，我应邀去给某个单位组织人事部门的干部解读这一讲话。讲课之前，我问在座的干部："咱们认真地把这个讲话读过一遍的举手？"举手者凤毛麟角。我又问："咱们认真地把这个讲话读过两遍的举手？"没有人举手。我只好调侃说："看来咱们都认真地读过三遍了。"

作为组织人事部门的干部，如果对这个讲话不闻不问，他怎么能落实好呢？

第三，工作责任不明。我到某地讲课，听说过这样一件事：当地住房搞"平改坡"工程。开始几个月没人干，到了十月份，在上级有关部门的督促下，"平改坡"工程才开始突击干起来了。

在当地，十月份天气已经很冷了，工程质量很难保证。上级部门最后想调查一下，到底是谁的责任。结果，调查了一圈，汇报说好像谁的责任也不是。

现在，这种"无责任的自由"，已经成了影响一些干部员工承担落实责任的主要哲学。他们根本不担心自己做得好还是做得不好，因

1. 周永亮：《中国企业的执行问题》，机械工业出版社，2006年1月版。

为他们总能找到人或事来推卸自身的责任。

为什么会出现这种互相推诿，不愿意承担责任的现象？一个非常重要的原因，就是组织内部的分工不明晰，工作责任不明确。

法国有个农业工程师叫林格曼，他曾经设计了一个著名的拉绳实验：他把被试者分成一人组、二人组、三人组和八人组，要求各组用尽全力拉绳，同时用灵敏的测力器分别测量其拉力。

结果，二人组的拉力只是单独拉绳时二人拉力总和的95%；三人组的拉力只是单独拉绳时三人拉力总和的85%；而八人组的拉力则降到单独拉绳时八人拉力总和的49%。

我们都说人多力量大，但林格曼的“拉绳实验”却出现了“1＋1＜2”的情况。

著名管理大师杜拉克举过一个例子。他说，在小学低年级的算术入门书中有这样一道应用题：“两个人挖一条水沟要用2天时间；如果4个人合作，要用多少天完成？”

小学生回答是“1天”。而杜拉克说，在实际的管理过程中，可能要“1天完成”，可能要“4天完成”，也可能“永远完不成”。

不管是林格曼的“拉绳实验”，还是杜拉克的“挖沟试题”都指向了人性的弱点。他在单独完成某项工作时可能会尽心尽力，如果几个人合作，他会悄然地把责任分解到其他人的身上，从而造成责任外泄，谁也不尽力，谁也不负责。这就是邓小平同志所讲的：“现在，各地的企业事业单位中，党和国家的各级机关中，一个很大的问题就是无人负责。名曰集体负责，实际上等于无人负责。一项工作布置之后，落实了没有无人过问，结果好坏，谁也不管。”[1]

如果分工明晰，责任明确，哪一位想推卸工作任务落实的责任都很难。

海尔电冰箱厂有个材料库，楼高五层。整个大楼有 2945 块玻璃。为保证这两千多块玻璃“日清日洁”，主管在这 2945 块玻璃的角上设置了编号小条，条上写有擦玻璃人和监督者的编码。发现哪一块玻璃脏了，马上就能找到这两个人。

看来，在海尔电冰箱厂材料库，想浑水摸鱼，滥竽充数，做南郭先生是不可能的。

第四，落实流程不畅。在我们的许多单位和部门，有些工作任务不能高效地落实，在很大程度上是落实流程烦琐、落实流程不畅所造成的。部门之间、单位之间、上下级之间存在着条块分割，职能不清，互相协作不够的问题，工作运转有很多梗塞。

有人研究说，处理一个文件只需要 7 分钟，但耽搁在中间环节的时间，却能多达 4 天。这话不是调侃。

2006 年暑期，我买的煤气灶无法打火。于是，我拨打了保修单上的电话，请维修点的人来维修。

接电话的人说：“我们维修点只管五环路以内的客户，不管五环路以外的。你家住在五环路以外，我们不负责。我可以告诉你一个电话，

1. 邓小平：《解放思想，实事求是，团结一致向前看》（1978 年 12 月 13 日），人民网，2012 年 2 月 6 日。

你去找他们。”

我按照他给的电话打过去。对方说：“我们维修点只管郊区的客户，不管城里的客户。你那儿属于城里，我们管不了。”

听了她的话，我气不打一处来：前一个接电话的人，认为我家住在郊区；她却认为我家住在城里。相互推诿。于是便质问她：“你们卖煤气灶的时候，怎么不说是五环路边上的不卖？”她见我发火，便把电话挂了。

我很无奈，只好通过网络查找厂家的电话。电话打过去，接电话的人冷冰冰地说了一句：“知道了，等给你协调一下。”

结果，这一协调，就协调了16天。等维修人员上门后，仅用了5分钟，就把煤气灶给修好了。

这个煤气灶生产厂家不畅的落实流程，给我带来了很大的麻烦。同时，这个厂家也影响了自己的信誉。

后来，我又给那个煤气灶生产厂家打了电话，告诉他：“以后你们的煤气灶，就是白给我都不要。”当然，我知道他不会白给，只是表达自己的气愤而已。

第五，工作不讲技巧。古人说：“善走需得途。”落实或抓落实，也需要掌握一定的工作技巧，善于区别轻重缓急，把握主次矛盾。但是，在实践中，有许多落实主体缺乏这种工作技巧。

有的抓不住主要矛盾和矛盾的主要方面；有的不分轻重缓急，眉毛胡子一把抓；有的思路不多，方法不对头，措施不得力。结果，事倍功半。

事实上，任何一个成功的组织，其领导者都是具有抓落实工作技巧的人。比如德国的罗兰·贝格公司，其创始人罗兰·贝格，就有一套有效的抓落实的工作技巧。他认为，如果整个组织系统的领导者都掌握了抓落实的工作技巧，那么，落实就不再会是一件难事了。

张瑞敏任职海尔时，海尔集团的产品为什么质量过得硬？这跟张瑞敏狠抓落实质量的工作技巧有关。为了抓好质量的落实，他当着所有员工的面，砸了冰箱。这场戏实质上是演给员工看的。正是这场戏，让员工们受到了震动。

第六，制度不够完善。制度不完善，是导致不落实或落实不力的另一个重要的原因。制度不完善，最突出的表现，就是奖惩不能分明。

现在有些单位和部门平均主义思想还依然非常严重。干与不干，干好与干坏都一样。对不干事、干不成事的人，不问责，不追究，不惩处；对能干事，干成事的人，也不表扬，不奖励。结果，影响了工作任务的落实。

因为对任务落实好的人，你不表奖，会挫伤他们工作的积极性；对落实任务不好的人，你不惩处、不追究，会助长他们工作的消极性。

探查找到了不落实或落实不力的根源之后，我们就要针对其根源，寻求解决问题之道。

4. 自省反思落实情况，拾遗补缺落实到位

所谓自省反思，是一种通过对自己所担负的工作任务的“落实”情况的回顾、检查、反思，来实现自我认识和自我评价的方法。如写工作日记、写工作总结等，都属于这种方法。

雷锋同志就是通过经常记日记的形式，以“一日之所为”，“一日之功过”来校准、对照和检查自己，对自己得出正确的认识，评价自己是否符合共产党员的标准。

古人云：“吾日三省吾身。”每一位落实主体都应该经常注意检查反省自身所肩负的工作任务的落实情况。

落实的，让它更加完善；没落实的，抓紧落实；落实过程中出现问题的，加以改正，汲取教训；落实中有值得借鉴的经验，认真总结。只有这样，落实主体才能真正把自身所承担的工作任务落实好，他所承担的各项工作才一定能始终走在他人的前列。

落实主体在落实上级决策和工作任务的过程中，运用自省反思的方法，应该注意以下几点：

第一，充分认识自省反思的重要性。毛泽东同志曾经说过，房子是应该经常打扫的，不打扫就会积满了灰尘；脸是应该经常洗的，不洗也就会灰尘满面。我们同志的思想，我们党的工作，也会沾染灰尘的，也应该打扫和洗涤。

落实主体在落实上级决策和工作任务的过程中，或在工作任务完成之后，检查、反省一下自己落实工作任务的情况，有利于发扬成绩，纠正错误，把工作做得更好；有利于落实主体在复杂的工作环境中，始终保持清醒的头脑，始终保持旺盛的工作激情。

第二，自省反思必须深入细致。运用自省反思的方法来促进上级决策和工作任务的落实，必须深入细致。浅尝辄止、蜻蜓点水似地去进行自省反思，是难能取得好效果的。

这就要求落实主体在落实上级决策和工作任务的过程中，一定要注意深入细致地反省自己：看看自己的工作是否符合上级的指示精神，是否符合客观实际的要求，是否有纰漏，是否做到了位。

第三，自省反思贵在持之以恒。运用自省反思的方法来促进上级决策和工作任务的落实，还贵在持之以恒。一曝十寒地去进行自省反思，只能取得阶段性的效果，不能保持连续性，从而影响上级决策和工作任务的最终有效落实。

在自省反思上，老一辈无产阶级革命家彭德怀给我们做出了非常好的榜样。

在长期的革命斗争中，彭德怀同志养成了一种非常可贵的自省精神。他常说，我是每月一省吾身。

不论工作怎样繁忙，彭德怀同志每个月总是要抽出半天的时间，把自己做过的事情认真地检讨一番，看看哪些事情做对了，哪些事情做错了，以便少犯错误或不犯错误。

彭德怀同志这种可贵的自省精神，贯穿在他整个的生命旅程中。就在他晚年，并且在遭受到不公正的待遇的情况下，他还反省自己在西北战场上的经验教训。他认为，自己在西北战场指挥上有过两次错误。他反省说：

第一次错误，是在1947年10月下旬，打下清涧，活捉了蒋部师长廖昂后。陕北气候寒冷，部队经过半年多的紧张战斗，应该就在清涧、延长线进行整训，不要再去打榆林了。结果围攻榆林近月未下，妨害部队修整训练。如不再打榆林，新式整军可以多搞一个半月，成绩会更大些。我在作战指挥上有一个优点，就是不满足于已得胜利；但求之过急，就变成了缺点，而且屡戒屡犯，不易改正。第二次打榆林，只是想到中央在米脂、绥德一带不安全，打下榆林就放心了，未考虑其他方面。

第二次错误是在瓦子街战役大胜后。进占陇东、邠州，截断了西兰公路之后，应当集结兵力，进行休整，争取教育瓦子街战斗中的大批俘虏。但当时想乘胜进攻宝鸡，破坏胡宗南后方，缩短西北战争时间。这就是思想上的急躁病，产生了轻敌思想。结果胡宗南采取了异常迅速的手段，从延安、主要是从河南调集最大的兵力，和青海马继援部一起向我夹击。我撤出宝鸡后，搞得很疲劳；因为过度疲劳，使本来可以歼灭之敌而未能歼灭。这样的教训在我的战斗生活中，过去就有几次，但都没有这次深刻。过急求成，在思想上是主观主义，在行动上是冒险主义，而且往往发生于连续大胜之后。这就是骄傲。[1]

真可谓：“一月一省吾身，唯我彭大将军。”正是这种可贵的自省反思精神，使他胜不骄，败不馁，出色地落实了中央的战略决策和战斗部署。

第四，自省反思要勇于进行自我批评。对自我批评，毛泽东同志给过精辟定义。他说：“我们分析一个事物，首先加以分解，分成两个方面，找出哪些是正确的，哪些是不正确的，哪些是应该发扬的，哪些是应该丢掉的，这就是批评。对自己的工作、自己的历史加以分析，这是自我批评；对别人进行分析，就是批评别人。”

习近平总书记强调：“自我批评要一日三省，相互批评要随时随地，不要等小毛病发展成大问题再提。要让批评和自我批评成为党内生活的常态，成为每个党员、干部的必修课。”

李立三在中国共产党早期历史上，曾经是工人运动的一员闯将。他在 1930 年主持中央工作时，犯过急躁盲动的错误。

事后，他不止一次地讲，“如果党需要我做‘反面教员’，我就当好这个反面教员’。”

1946 年，他回到东北，开始化名李敏然。有些单位请他讲党史，他自己选择介绍“立三路线”的错误，并分析形成的原因和领导人的责任，受到许多同志的称赞。

1. 彭德怀：《彭德怀自述》，人民出版社 1981 年 12 月版，第 255—256 页。

有人说："这位革命家，错误犯了三个月，却检讨了整整30年。"

落实中的自我批评，揭示出自身的缺点和不足，只是自我批评的第一步，更重要的还要加以改正。请看彭德怀同志是如何正视自身的问题并如何及时加以改正的。

彭德怀任国防部长期间，有一次，他到某地前线视察。在视察中，他发现正在修建的一个弹药库结构不合理，便严厉地批评了陪同视察的几位同志，并要撤一位团长的职。

当天晚上吃饭时，彭德怀发现那位团长没来，便让身边的警卫员去请他。当那位团长走过来时，彭德怀态度诚恳地对他说："我今天说错话了，向你道个歉吧！"

在场的干部战士听了这话，都为之而感动，那位团长更是热泪盈眶。

5. 世人皆醉唯我独醒，逆向思考解决难题

美国的阿拉斯加有一种珍稀的鹿，政府专门设立了一个自然保护区，对它们精心加以看护照管。

开始时，管理人员为了不使鹿群受到伤害，便将狼、豹等动物驱逐“出境”。鹿群生活在没有任何危险的“安乐窝”之中。

渐渐地，管理人员发现，这些鹿的活动量在逐渐减少，体质也变得越来越差，许多鹿因为自身抵抗力弱而死亡。

怎样才能使鹿群恢复原来的生机呢？管理人员决定，从外地“引进”几匹鹿的天敌——狼。

狼引进来之后，鹿为了生存，整天来回奔跑。结果，没过多长时间，这些鹿的体质和生命力都大为增强。

这就是逆向思考的方法。狼本来是鹿的天敌，但天敌的引进，却锻炼了鹿的身体。一个疑难问题，就这样简单地解决了。

为什么逆向思考能寻求到解决疑难问题的办法呢？应用它的本质又是什么？

人们在思考问题时，一般都是顺着想，也就是按照大家都认同的常情、常理、常规的正向思考路径去思考；或者遵循事物的某种客观顺序去想，比如从前到后，从上到下，从近到远，等等。既然是大家都认同的常理，所以遇到某一问题时，大家都会顺着这样的思路想。

这样思考问题有时能找到解决问题的方法，并收到令人满意的效果。但是，在实践中，也有很多问题，对这些问题要是利用正向思考的路径去寻找解决的方法时，却难能找到正确的答案，或会失之偏颇。

如果落实主体不满足于只是重复别人的思路，不满足于停留在别人的认知水平上，而要有所突破，有所创造，有所发展，落实主体就应该跳出常规，打破常理，运用非常规的思路去思考，走别人没有走过的路。这样想出来的办法，就可能是有新意的办法，是能解决问题的方法。

逆向思考作为一种思维方法，对上级决策和工作任务的落实，具有非常重要的应用价值。它常见的“逆向”是：

第一，空间逆向。空间作为物质存在的一种客观形式，由长度、宽度和高度表现出来。因此，空间逆向的相互转化形式主要表现为：长—短；宽—窄；高—低；入—出；进—退；上—下；前—后，等等。

在美国的芝加哥，有一位退休老人。他在一所学校的附近买了一栋简朴的住宅，打算在那儿安度他的晚年。

他住的地方最初的几个星期非常安静。可是不久，就有三个年轻人开始在附近踢所有的垃圾桶，附近的居民深受其害，对他们的恶作剧，采用了各种各样的办法，好言相劝过，也吓唬过他们，可一直没有作用，等到人一走，他们又开始踢。邻居们无计可施，也只好听之任之。

这位老人实在受不了他们制造的噪音，就想办法让他们离开。

于是，他出去跟他们谈判："你们几个一定玩得很开心，我年轻的时候也常常做这样的事情。你们能不能帮我一个忙？如果你们每天来踢这些垃圾桶，我每天给你们一元钱。"

这三个年轻人很快就同意了，于是，他们使劲地踢所有的垃圾桶。

过了几天，这位老人愁容满面地去找他们，"通货膨胀减少了我的收入，"他说："从现在起，我只能给你们每人五毛钱了。"

这三个年轻人有点不满意，但还是接受了老人的钱，每天下午继续踢垃圾桶，可是，却没有以前那么卖力踢了。

几天后，老人又来找他们。"瞧！"他说，"我最近没有收到养老金支票，所以每天只能给你们两毛五分了，成吗？"

"只有两毛五分！"一个年轻人大叫道，"你以为我们会为了区区两角五分钱浪费时间，在这里踢垃圾桶？不成，我们不干了！"

从此以后，老人过上了安静的日子。

老人的目的是想让这几位年轻人不要来踢垃圾桶，但他却有意花钱请他们来踢，并不断减少"报酬"。结果，这几位年轻人中了"圈套"，自己停止了捣乱。这就是"欲擒故纵"。

第二，属性逆向。属性，是客观事物所具有的性质、特点。事物的属性是多向度的，一件事情可以从不同的角度去理解，去思考。

概括说来，属性逆向的相互转化形式主要表现：好—坏；大—小；强—弱；冷—热；快—慢；增—减；优点—缺点，等等。

古时候，有这样一个故事：一个老汉丢了一匹马。过了几天，这匹马又带回一匹母马。村里人都说他真幸运。但老汉却说：“很难说这是福还是祸。”

没几天，他儿子骑着那匹母马摔断了腿。村里人见此情形都说他真不幸。而老汉则说：“很难说这是祸还是福。”

第二年春天，发生了战乱，村里许多跟老汉儿子年龄相仿的年轻人都被抓了壮丁，上了战场，当了炮灰，而老汉的儿子却因为这条瘸腿，躲过了这次劫难，至今还在村里给他养老送终。

塞翁失马，焉知非福？这位老汉就是一个善于逆向思考的人。事实上，凡事都有正反两面，好坏相伴，祸福相依。

第三，因果逆向。所谓因果逆向思考，就是从已有的事物的因果关系中，倒因为果，或反果为因，去发现新的现象和规律，从而求得问题的解决之道，将上级的决策和工作任务落实到位。

人类天花疫苗的产生，就是“倒因为果”逆向思考的典型案例。

天花曾是危害人类生命的主要杀手。患病者大多性命难保。即使是侥幸生存下来，也会留下许多后遗症。

十六世纪下半叶，我们聪明智慧的祖先，终于用“倒因为果”的逆向思考，发明了预防这种可怕传染病的方法，这就是“人痘接种法”。

所谓人痘接种法，就是给健康的人接种上一点天花的病毒，让他感染上天花病毒，从而增强抵抗力。一般说来，有四种方法：

一是痘衣法。拿患了天花的儿童的内衣，给被接种的人穿，让他受到感染。

二是痘浆法。用棉花蘸染痘疮的疮浆，往被接种儿童的鼻孔里塞，使他感染天花病毒。

三是旱苗法。把痘痂阴干研细，然后用一根细管子吹到被接种儿童的鼻孔里。

四是水苗法。把痘痂研成粉末，用水调匀，然后用棉花蘸染，塞进被接种的儿童的鼻孔里。

这四种预防方法，实质上都是“倒因为果”的逆向思考的结果。

人痘接种法虽然危险性很大，但在当时的条件下也不失为一种预防天花的好方法。据有关资料记载，某地区，有 9000 多人接种了人痘，结果仅有 20 多人没有什么效果，其他的人都没有患上天花。

6. 敢于打破常规路径，另辟蹊径获取成功

在十九世纪中叶的美国，曾经发生过这样一个故事：当时，传说在美国的加利福尼亚州有个山谷发现了一座金矿。一时间，数十万淘金者蜂拥而至。他们疯狂地挖掘，幻想着一举能挖出个大金块，圆自己发财的梦。

就在许多人对“金矿”趋之若鹜之时，有个名叫亚墨尔的农夫，却在做另外的一件事。他在别人拼命地挖金矿时，自己在悄悄地挖河。终于，一条小小的引水渠挖好了。这条引水渠直通工地。

亚墨尔将引来的水过滤，制成了一桶桶洁净的饮用水，卖给那些淘金的人。

淘金的人来了一拨又一拨。大家都是乘兴而来，败兴而去，谁也没挖到金子。但亚墨尔却跷着二郎腿，坐在水渠边，挖到了大“金块”。他靠着卖那一桶桶的饮用水，赚了上万美金。

别人挖金矿，亚墨尔挖水渠。而且亚墨尔挖水渠还赚了上万美金，别人挖金矿却分文未得。这就是另辟蹊径。

另辟蹊径，就是在已有的道路面前，另外开辟一条道路。也就是说，落实主体在落实上级决策和工作任务的过程中，遇到难以解决的问题，要善于打破常规的路径，去另外寻找一个解决问题的新途径和新方法。怎样才能另辟蹊径呢？

第一，摆脱路径依赖。所谓“路径依赖”，是指人们一旦选择并进入了某一路径，就会像火车开动一样，惯性的力量就会驱使他们对这一路径产生依赖。

从某种意义上讲，人们的一切选择都会受到路径依赖的影响。人们过去做出的选择，决定了他们现在的选择；人们现在做出的选择，决定了他们未来的选择。

著名的“马屁股规则”，就为上述的观点做了非常形象的注解：

在美国犹他州的航天飞机推进器生产厂里，员工们都知道，每个推进器的直径宽度不得大于 4.85 英尺（1.47828 米）。

为什么推进器的直径宽度不得大于 4.85 英尺呢？这是马屁股的宽度所决定的。

马屁股的宽度怎么能决定高、精、端的航天飞机推进器的直径宽度呢？

原来美国铁路两条铁轨之间的标准距离是 4.85 英尺，而在运送推进器时，火车可能要经过许多的隧道，但那些隧道的宽度仅比路轨宽一点点，超过 4.85 英尺，火车就可能无法运送推进器。

为什么美国铁轨的标准距离是 4.85 英尺呢？因为美国最早的铁路是由英国人设计的。

那么，英国设计师为什么选用4.85英尺作为两条铁轨之间的标准距离呢？因为这是英国电车轨道的标准距离；但电车车轨的标准距离又是依据什么确定的呢？答案是依据马车的轮距来确定的，因为最早设计轨道的设计师是造马车的。

那么英国马车的轮距为什么是4.85英尺？因为超过4.85英尺，马车将无法在英国的老路上行驶，老路上的辙迹宽度是罗马人定的，因为罗马人战车的宽度是4.85英尺。

但罗马人为什么将战车的宽度定为4.85英尺呢？答案让人哑然失笑，因为这是拉战车的两匹并排战马合起来的马屁股宽度。

从航天飞机推进器，到两匹马的马屁股，这本是风马牛不相及的事情。但路径依赖，却一步一步使马屁股的宽度决定了航天飞机推进器的直径的宽度。[1]

人们在社会中生活，都会在不知不觉中形成“路径依赖”。这种路径依赖一旦具有，“罗马人马屁股的宽度就将决定着航天飞机推进器的直径宽度”，最终使自己画地为牢。

落实主体在落实上级决策和工作任务的过程中，要想另辟蹊径，首先就得摆脱路径依赖，从惯性思维中抽身而出。否则，我们的前进轨道可能就只有4.85英尺宽。

第二，培养发散思维。发散思维是从一个目标出发，沿着各种不同的路径去思考，探求多种答案的思维方式。其思维活动的轨迹，就

1. 逍遥梓BLOG：《马屁股规则》，新浪网博客，2006年10月14日。

像草地里的旋转喷头一样，朝不同的方向做立体式的发散思考。

这种思维方式对我们另辟蹊径去寻求解决问题之道具有非常重要的价值。

发散思维鼓励人们对同一个问题，做不同方向、不同侧面、不同层次的思考。

在第二次世界大战期间的奥斯维辛集中营，有一位犹太人对他的儿子说："我们现在唯一的财富就是智慧，该是用它的时候了。当别人说一加一等于二时，你应该想到一加一要大于二。"

在这个集中营，纳粹毒死了536724个人，可是，这父子俩却奇迹般地活了下来。

1946年，他们来到了美国，在休斯敦做铜器生意。父亲问儿子："一磅铜的价格是多少？"儿子说，"是35美分"。"对，整个得克萨斯州每磅铜都是35美分的价格，但是你是犹太人的儿子，你应该说是3.5美元，你试着把铜做成门的把柄，你做一做看。"

二十年过后，父亲死了，儿子独立经营铜器店。在他的铜器店，一磅铜卖到了3500美元。并成了麦克尔公司的董事长。原来，他用铜做成锣鼓，用铜做成瑞士钟表上的簧片，用铜做成奥运会的奖牌。

1974年，美国政府为清理自由女神像翻新扔下来的200多吨废料，向全社会招标。

正在法国旅行的麦克尔公司的董事长听说了此事。他立刻飞回纽约，投标承包了这一项目。

他把废铜熔化铸成小的自由女神像，把水泥和木板做成小的自由女神像下面的底座，把废铅、废铝加工成纽约广场图案的钥匙形饰物。

最后，他甚至还把从自由女神身上扫下的灰尘都包了起来，卖给花店做肥料。他让这堆废料变成了350万美元现金。[1]

麦克尔公司董事长就是用发散的方法，对这200多吨废料进行了处理，从而获得了巨大的财富。

第三，锤炼横向思维。世界上的任何事物、任何现象都不是孤立存在的，它必然要同周围的事物、其他的现象有着千丝万缕的联系。不仅如此，事物自身所构成的各要素间，也是相互联系的。所以，解决落实中的问题，还可以立足于事物的关联性而开展横向思维活动。

横向思维的积极倡导者，是英国剑桥大学的爱德华·德博诺教授。他认为，生活中有时碰到的问题，当用常规的办法解决不了的时候，不妨尝试换个角度，通过事物之间的联系来寻求解决之道。为了说明他的观点，他还讲了这样一个故事：

一家公司新搬进一幢摩天大楼。进入大楼不久，他们就遇到了一道难题：

由于当初楼内安装的电梯过少，员工上下班经常要等很长一段时间，为此员工们怨声载道。

于是，公司老总把各部门的负责人召集到一块，请大家出谋划策，寻求解决电梯不足的问题。经过一番热烈的讨论，大家提出了4种解决方案：

1.《财经界》，2005年8月15日。

第一种：提高电梯上下速度，或者在上下班高峰时段，让电梯只在人多的楼层停。

第二种：各部门上下班时间错开，减少电梯的同时使用率。

第三种：在所有的电梯门口装上镜子。

第四种：装一部新电梯。

经过慎重考虑，该公司选择了第三种方案。该方案付诸实施后，员工们乘电梯时，再也没有了抱怨声。

爱德华·德博诺教授说：第一、第二或第四种方案，其思维方式属于垂直或传统型的。第三种方案，其思维方式是水平型的，属于横向拓展思维。

爱德华·德博诺教授分析说：该公司的难题固然是由电梯不足引起，但也与员工缺乏耐心有一定关系。横向拓展思维就是利用这一点，寻求到了解决之道。

因为等着乘坐电梯的人一看到镜子，免不了开始端详自己的镜中形象，或者偷偷打量别人的打扮，烦人的等待时刻就在镜子面前的顾盼之间悄悄地过去了。

7. 善于转换思维路径，疑难问题迎刃而解

有这样一个故事：一家有父子两人。一天早晨，父亲派儿子去城里打酒。儿子走到城门口，跟正在出城门的人相遇了。两个人互不相让，一直站到中午。

家中的父亲见儿子迟迟不归，便前去寻找。他到了城门口，了解了情况后，便对儿子说："你先回去吃午饭，让我来替你站着。"

故事中的父子两人真够执着的，执着得退后一步都不肯。让人既觉着好笑，又觉着好气。

事实上，生活工作中也不排除这样的人，思维一根筋，碰到南墙也不知道转向。这种一根筋的思维方式对上级决策和工作任务的落实是有制约作用的。

在落实上级决策和工作任务的过程中，人们遇到困难，应该坚持不懈，有韧劲，不达目的决不罢休。但有韧劲，并非是要在一棵树上吊死，而应该学会转换思维路径，转向思考。

所谓转向思考，就是思考问题时，在一个方向上受阻时，换一个

路径来思考问题。这就是“打得赢就打，打不赢就走”。或者说是“换一个地方打井”。

“换一个地方打井”，是著名的思维学家、“创新思维之父”德·波诺提出的概念。

这个概念的意思非常明确，就是在碰到难以解决的问题时，不要一条道走到黑，要学会转换思路。思路一变，问题就可能迎刃而解。

转向思考是帮助人们跳出思维框框，寻求问题解决之道的有效方式。它的实现形式主要有：

第一，角度转换。所谓角度转换，就是换一个角度来思考问题。不同的思考角度，会有不同的思考结果。请看下面的故事：

一天，犹太富翁哈德走进纽约花旗银行的贷款部。他大模大样地坐了下来。

贷款部经理赶忙上前招呼：“先生，有什么事情需要我的帮助吗？”

“噢，我想借些钱。”

“好啊，你要借多少？”

“1 美元。”

“只需 1 美元？”

“是的，只借 1 美元，可以吗？”

“当然可以，不过您这样的绅士，只要有担保，多借一点也可以。”

“那这些担保可以吗？”哈德说着，从精致的皮包里取出一大堆珠宝堆在柜台上。

“喏，这是价值 50 万美元的珠宝，够吗？”

“当然，当然！不过，你只借1美元？”

“是的”哈德接过1美元，准备离开银行。

一直在旁边观看的银行行长此时有点糊涂了，他怎么也弄不明白这位犹太人为什么抵押50万美元，却借1美元。

他急忙追上前去，对哈德说：“先生，请等一下，我想知道你有价值50万美元的珠宝，为什么却只借1美元呢？假如你想借30万、40万美元的话，我们也会考虑的。”

“啊，是这样的：我来贵行之前，问过好几家金库，他们保险箱的租金都很昂贵，而你这里却很便宜，一年才6美分。”

我们看，不同的角度产生了不同的结果。放到金库存，要花昂贵的保险费用，而借债抵押，一年只需要6美分。

第二，要素转换。任何事物都是由各种不同的要素构成的。落实主体在遇到某些难以解决的问题时，不妨采取一些措施，来改变事物所包含的某一或某些要素，让事物发生符合“落实”需要的变化。这就是我们所说的要素转换思维方式。下面的故事形象地诠释了这种方法的功用。

在第二次世界大战期间，一艘满载军用物资的轮船，秘密地从日本某港口开出。

这艘货轮要经由上海、福州、广州，再经过马六甲海峡，驶向泰国，然后去缅甸，给那里的日军提供给养。

这艘货轮装的是从我国东北三省掠夺去的大豆。我抗日组织得知情报，立即指示我方特工人员要想方设法将这艘货轮在大海中炸沉。

我方特工人员接到指示，想办法混进了日本货轮。结果，他们没费一枪一弹，就将日本货轮给“炸沉”了。

原来，他们运用要素转换的思维方式，在大豆的性质上做文章。他们偷偷地向装满大豆的货仓灌水，让大豆膨胀，从而改变了大豆的性质要素：原来存放的是干燥的大豆，现在存放的是浸泡的大豆。

大豆经水浸泡，迅速膨胀，货舱的压力不断增大，最后，造成货舱爆裂，货轮沉入大海。我方特工人员成功地落实了上级的指示，完成了工作任务。

有时候有的问题经过一次转向就能解决问题，有的要经过多次转向，才能获得新方法、新方案。请看下面的故事：

从前，有个国王，一条腿有残疾，一只眼睛失明。这天，适逢他八十大寿，他召来三位画家为他画像。

第一位画家据实作画。国王一看，很是恼怒，认为这像画得太丑了，便下令把这位画家给杀了。

接着，第二位画家出场了。他接受前一位画家的教训，将国王画成了正常人，而且双眼还画得炯炯有神。他以为这幅画像肯定能得到国王的认可，或许还会获得封赏。谁知，国王仍不满意：“这画像根本不像我，分明是嘲讽我？”于是，这位画家又作了刀下鬼。

轮到第三位画家画像了。当他画完之后，国王一看，非常高兴，赏给他黄金 50 两。原来，他画的是一幅《国王游猎图》。

画面上，国王正在射箭。他左腿弓，右腿跪，手拉弓弦，一只眼闭，一只眼睁，瞄准着前方的一只野兔。

这个故事中，第一位画家思维角度没选好，送了命；第二位画家一看第一位画家丢了命，就转换了一个角度，但也没转好；第三位画家在前两位的基础上，重新又转换了角度，结果获得了成功，落实了国主交给的工作任务。

8. 用脚走不通的道路，用头就可以走得通

国外有这样一句谚语：“用脚走不通的路，用头可以走得通。”这就是说，遇到难以解决的问题，只要善于思考，就能找到解决问题的方法。

思考是进行比较深刻、周到的思维活动。它是落实主体在落实上级决策和工作任务的过程中，走向成功的必备条件。

在工作任务落实的过程中，落实主体如果遇到了“南墙”，用“脚”走不通，就应该进行“心灵远足”，用思考的方法来解决疑难问题。

事实上，一个人用“头”的时间越多，他用“脚”的时间可能就越少。

古希腊著名思想家毕达哥拉斯就强调，思而后行，以免做出愚蠢的事情。所以，有人说：“一天周到思考，胜过百天徒劳。”“行成于思，而毁于随”、“磨刀不误砍柴工”，讲的也是这个道理。因此，落实，必须提倡心灵远足，多思考。

第一，多思，出智慧。遇到难以解决的问题、难以落实的工作任务，落实主体如果盲干、硬干，很可能工夫没少费，问题却解决不了，

任务也无法完成，甚至还可能增加了更大的困难。但如果落实主体把解决问题的思路想清楚了，把落实任务的措施想妥当了，问题的解决，任务的完成，就是水到渠成的事了。正如英国思想家托马斯·富勒所言：一个好头脑胜过一百只强壮的手。

常言说：“愚者千虑，必有一得。”即使是再愚笨的人，只要他能够多思考问题，也总会想出一点办法来的。

生物进化论揭示，人体器官具有“用进废退”的基本规律。经常思考问题的人，会变得睿智、聪慧。而怕动脑筋、思想慵懒的人，则会变得愚笨，成为庸人。

第二，多思，出能力。工作任务能否有效落实，疑难问题能否有效解决，与任务承担者的能力、素质有着直接的关系。

解决问题能力强的人，思路开阔。遇到问题，总能想方设法予以解决。而要提升这种解决问题的能力，思考是一条重要的途径。

钱学森在北京师大附属小学读书的时候，最爱和同学们玩投掷飞镖的游戏。他折的飞镖飞得又稳又远。小伙伴们又羡慕又惊奇，以为这里边有什么“鬼”。自然课老师便让钱学森向同学们讲出其中的奥秘。

钱学森说：“我的飞镖没有什么秘密，只是经过多次失败之后一步一步改得好起来。我的飞镖用的纸比较光。头不能做得太重，也不能太轻，否则就飞不起来；翅膀也不能叠得太小，也不能太大，否则就飞不稳也飞不远。这是我多次实验悟出来的道理。”

听了钱学森的话，自然课的老师对同学们说：“钱学森爱动脑子，从实验中摸索出了折叠飞镖的方法。把飞镖折得规正，叠得有棱有角，就可以保持平衡，减少空气阻力，巧妙地借助风力和浮力，这样飞镖就飞得又稳又远了。”

成功的创造来自成功的思考。钱学森的飞镖之所以能飞得又稳又远，就在于他制作飞镖前，进行了成功的思考。不仅如此，每一次失败又都是他思考的起点。通过不断地思考，他终于制作出了让同学们很是羡慕的飞镖。

第三，多思，出灵感。灵感不是从天上掉下来的，而是不懈探求、勤于思考的结果。正如著名数学家华罗庚所说：“如果说，科学上的发现有什么偶然的机遇的话，那么，这种‘偶然的机遇’只能给那些学有素养的人，给那些善于独立思考的人，给那些具有锲而不舍的精神的人，而不会给懒汉。”

发明速算法的史丰收，从小就爱动脑筋，经常有一些不同于他人的独立见解。

史丰收在上小学二年级时，他看老师在黑板上演算，便产生了一个想法：做算术题能否从左向右，从高位算起呢？他开始探索这个问题，经过10多年的刻苦研究，他终于创造出了13位数以内加减乘除和开方、平方的速算法。

史丰收的创造发明，就得益于他的独立思考。他不迷信，不盲从，善于独立思考。正是因为这种禀性，使得他成了速算法的发明者。

思考有助于提升能力，解决问题。但这种思考不是浅尝辄止的思考，而是深层次的思考。如果缺乏深层次的思考，即使你走到了解决问题的边缘，但你依然不能最终解决问题。

实践证明，能最终有效地解决问题的人，都是善于深层次思考问题的人。

班亭是胰腺素的发现者。胰腺素的发现得益于他能够深层次地思考问题。

早在班亭之前，奥斯加·缅科夫斯基和胡恩·梅林就已经发现把狗的胰腺切除，狗就会得糖尿病。

这个发现还被记载在1898年的医学杂志上。然而他们没有再进一步思考为什么会是这样。

可是，加拿大医生班亭读了这个记载后却开始思考：胰腺里可能会有一种物质，控制动物包括人的血液中糖的含量，那么这是什么物质？怎么提取？班亭动起脑筋来。

经过实验，他终于发现了医学史上和生物学史上很重要的胰腺素。

叩诊是医生诊病的一种重要方法。这种方法是奥地利医生奥斯布鲁格发明的。

奥斯布鲁格的父亲是一位卖酒的商人，为了判断高大的酒桶里是否还有酒，他总是用手在桶外敲敲，然后由声音判断桶里还有多少酒，是满桶还是空桶。

看着父亲的做法，奥斯布鲁格陷入了深思：人的胸腔和腹腔不也像只桶吗？既然父亲敲酒桶就能知道酒的多少，那么，医生敲敲病人的胸腔、腹腔，并认真倾听，不就可以由声音判断他的病情了吗？于是，他认真钻研，终于发明了叩诊这种重要的诊病方法。

见过敲酒桶的人决不仅仅是奥斯布鲁格一人，但发明叩诊这种重要的诊病方法的人，却只有奥斯布鲁格一人。

别人见了敲酒桶这种行为也就是一见了之，但奥斯布鲁格则能深入地思考。正是这种思考，使奥斯布鲁格成为叩诊的发明者。

第二章 这种方法那种方法，以上率下是好方法

落实，必须从领导干部做起。想要群众理解的，领导干部首先要理解；想让群众做到的，领导干部首先要做到；要求群众不做的，领导干部首先要不做。

关键在于落实。但落实的关键在哪里？答案是：落实的关键在于领导。正如俗话所说的："上梁不正下梁歪，中梁不正倒下来。"

领导带头，是我党开展各项工作的一条基本经验，也是落实和抓落实工作的一项重要工作方法。

有人说，中国共产党和国民党的将领有一个重要的区别就是：共产党的领导常说"跟我来"，而国民党的官员则常说"给我冲"！这也正是国民党失败的一个重要原因。

共产党人能够身先士卒，以身作则，而国民党人则是让士兵在前，自己明哲保身，岂有不败之理？

在决胜全面建成小康社会，夺取新时代中国特色社会主义伟大胜利的历史时期，我们要落实好党的各项方针、路线、政策，落实好上级的战略部署和工作要求，落实好我们所承担的各种工作任务，领导干部也必须要带头。因为其身正，不令而行，其身不正，虽令不从。

富兰克林说："一个良好的示范，才是最佳的训词。"苏联著名教育理论家苏霍姆林斯基说："当学生发现你的教育是在教育他的时候，你的教育是苍白的。"

落实，必须从领导干部做起。想要群众理解的，领导干部首先要理解；想让群众做到的，领导干部首先要做到；要求群众不做的，领导干部首先要不做。领导干部带头，才能形成上下一心，同频共振，齐抓共管，高效落实的局面。

1. 以身作则不令而行，其身不正虽令不从

土光敏夫是日本经济界领袖人物。他有一句著名的口号禅：“以身作则，最具说服力。”这是他经验的总结，也是他自身的实践。

1965 年，土光敏夫出任东芝电器公司的董事长。当时的东芝，由于管理不善，员工松散，导致公司绩效低落。

土光敏夫上任之后，提出了“一般员工要比以前多用三倍的脑，董事则要十倍，我本人则要有过之而无不及”的口号来振兴东芝。

为此，他每天带头提前半小时上班，并腾出一小时的时间，来与员工一道动脑讨论公司的问题。

由于土光敏夫能够以身作则，他上任后不久，东芝电器公司的情况就大为改观；不出数年，就成了日本最优秀的公司。土光敏夫被东芝的员工们称之为“我们的重建之王”。

落实，领导干部也必须以身作则。正像土光敏夫所讲的：“上级全力以赴地工作就是对下级的教育。职工三倍努力，领导就要十倍努力。”领导干部怎样以身作则呢?

第一，想要群众理解的，领导干部首先要理解。落实党的路线方针政策，落实上级战略决策和战略目标，离不开对党的路线、方针和政策的理解，离不开对上级战略决策和战略目标的把握。只有理解了党的路线、方针和政策，把握了上级的战略决策和战略目标，才能使落实不偏离航向，沿着正确的轨道前进。

因此，领导干部要带头真学，并学深学透、弄懂弄通党的路线方针政策，把握上级战略决策和战略目标，以其昏昏，是不能使人昭昭的。

习近平总书记曾经指出："对中央工作部署，要准确领会政策要点和要领，不能随意解读，想怎么干就怎么干。"随意解读，想怎么干就怎么干，就会偏离正确的航线，落实也就成了落空。

第二，想让群众做到的，领导者首先要做到。领导心理学研究证明，群众接受领导者的示范或暗示。领导者如果要想使本组织的工作和任务落实到位，就必须以身作则。其身正，不令而行，其身不正，虽令不从。

以身作则，能使组织成员的行为方式朝着领导目标的方向转变并发展，能增强组织成员的凝聚力，从而激发出他们落实的力量。

中国工农红军，为什么能冲破国民党几十万大军的围追堵截，忍受着饥渴寒冷的煎熬，翻越地球上最罕见的险峻峰峦，穿越地球上最难行的沼泽沟壑，用足迹踏出人类不曾有过的奇迹？

我认为，一个非常重要的原因，就是红军指挥员的身先士卒。记得看过这样一个故事：

将军和长征队伍一起在云中山迎着飞雪艰难地向前迈进。忽然有人向将军报告："前面发现一个冻死的人。"

这是一个已经冻僵了的老战士。他穿着像树叶一样单薄、破旧的衣服，一动不动地倚靠着一棵光秃秃的树干坐着。

将军见此情形，怒不可遏，像一头发怒的豹子吼叫道："警卫员，叫军需处长跑步上来。"

谁知，有人对将军小声地说了一声："这就是军需处长，他把所有能御寒的东西都发给别人了。"

将军正要发火的手势突然停住了。他怔怔地伫立了足有一分钟。雪花无声地落在他的脸上，融化成了闪烁的泪珠。

这是一个非常震撼人心的故事。红军指挥员身先士卒的形象跃然纸上。有这样身先士卒的指挥员，中国工农红军还有什么沼泽沟壑不能穿越？还有什么险峻峰峦不能翻越？

在联想集团，则一直流传着这样一个故事：联想有一条规则，开二十人以上的会议，如果迟到，要罚站一分钟。

这一规则刚刚制定下来，柳传志原来的老领导就迟到了。不用说，罚站一分钟。

罚站时，老领导紧张得一身汗，柳传志本人也一身汗。柳传志跟他的老领导说：您先在这儿站一分钟，今天晚上我到您家里给您站一分钟。柳传志本人也被罚过三次。

联想为什么能由一个 20 万元的小企业，发展成为拥有上百亿资产的大企业，成为中国电子行业的龙头老大，无疑是跟领导者以身作则分不开的。

所以，想让群众做到的事情，领导干部自己要先做到。领导干部做到了，群众不会不做。大家同心同德，没有克服不了的困难，没有过不了的火焰山，没有落实不了的工作任务。

第三，要求群众不做的，领导干部首先要不做。律人先要律己。要求群众不做的事情，领导干部要带头遵守禁令。否则，不许百姓点灯，自己却在放火，怎么能服众?

但是，实事求是地讲，现在“有禁不止”的现象却依然很严重。

2012 年 12 月 4 日，习近平总书记主持召开中共中央政治局会议，审议通过了中央政治局关于改进工作作风、密切联系群众的八项规定。

对这八项规定，党的领导干部必须不折不扣地贯彻落实到位，但时至今日，违反八项规定的问题依然屡见不鲜。2019 年 1 月 29 日中央纪委国家监委网站就公开曝光了八起违反中央八项规定精神问题。

譬如，广东省茂名市安全生产监督管理局原党组成员、副局长董雄斌等人接受管理和服务对象宴请、违规收受礼金等问题。2018 年春节前夕，董雄斌等 7 人接受管理和服务对象周某宴请，并分别收受金额不等的红包，其中董雄斌收受 2000 元。此外，董雄斌还存在其他违纪问题。董雄斌受到党内严重警告、政务降级处分，并辞去茂名市人大代表职务；其他相关责任人受到相应处理；违纪所得被收缴。

再譬如，宁夏回族自治区海原县甘城乡武埫村村委会主任马涛借举办“庆车宴”之机违规收受礼金问题。2018 年春节期间，马涛为其购买汽车举办“庆车宴”，邀请管理和服务对象等共 70 人参加，并违规收受礼金合计 37200 元。马涛受到党内严重警告处分，被责令退还收受的礼金。

作为党员干部，应该带头落实中央八项规定精神，在厉行勤俭节约，严格遵守廉洁从政有关规定上发挥“头雁效应”，自觉抵制歪风邪气，但事实却是，中央三令五申，这些领导干部却不仅不收敛，还顶风上。如此一来，怎么才能风清气正？

2. 掌握授权的分身术，分工协作完成任务

第二次世界大战结束之后，有人曾经问艾森豪威尔将军：成功的领导公式应该是什么？

这位联军的最高统帅给出了这样一个公式："授权＋赢得追随＋实现目标。"

艾森豪威尔将军认为，领导人必须获得部下毫无保留的支持。但这种支持不是靠威逼斥责，而是靠信任部属，把权力下授给他们而得来的。因此，在工作中，他尽可能把某些权力授予下属去做，而让自己集中精力去做最重要的事。

艾森豪威尔所说的"权力下授"，就是授权，即领导者在科学决策的目标确定之后，授予直接领导的下属一定的权力，以便让他们能够相对独立、相对自主地开展有关工作。说得简单点，就是安排下属做他们应该做的工作，指挥并调动下属以最有效的方式落实工作任务。

俗话说："一个篱笆三个桩，一个好汉三个帮。"实践证明，任何工作任务的完成，任何工作部署的落实，都不是领导干部自身单打

独斗的结果，而是领导干部与下属群众通力合作的结晶。

因此，要落实好党的路线方针政策，落实好上级的决策和工作任务，领导干部必须要掌握“权力下授”的方法。通过授权，与下属分工协作把工作任务真正落实好。

“权力下授”，是领导干部智慧和能力的扩展与延伸，是提高工作效率、落实工作任务、实现领导目标的重要手段。那么，领导干部怎样才能做到科学授权呢？

第一，遵循授权的基本原则。科学授权是领导干部的分身术，是一种重要的领导方法与领导艺术。科学授权，首先应该遵循以下几个基本原则：

一是视能授权。所谓“视能授权”，就是要根据被授权人的水平高低和能力大小来授权，让权力与能力相称。而避免以被授权人地位的高低、关系的远近和功劳的大小来授权。

人的能力类型是多种多样的，能力的大小也是不同的。视能授权，要求领导干部一定要了解下属的能力类型，了解下属的能力大小，并把要授权的工作跟下属的能力相对应起来，选择能力相称的下属，授权给他去做。

在重视下属能力的同时，还要考虑其工作热情。一般说来，有能力，而且工作热情高的人，充分授权；有能力，但是工作缺乏热情的人，适当授权；工作有热情，但缺乏能力的人，可以给予鼓励，但不要授权。

二是责权统一。领导干部在授权时，一定要让被授权人明确自己所应担负的责任，做到权责一致。

责权统一的基本要求是：既不能让下级只承担义务和责任，而不提供权力保证；又不能只分配权力而不使其承担一定的义务和担负起一定的责任。正像有一句话所说的："有责无权责任负不了，责大权小责任负不好，责权对等才能干得好。"

三是有效控制。领导干部要把下属该做的工作授权给下属去做。但授权不能放任不管。

领导干部在授权的同时，一定要明确工作准则，即考核方法、报告制度、监督办法，等等，对偏离领导目标的行为要做到有效控制。否则，就会出现放弃职权的现象。

明朝时，皇帝朱由校把大权交给了宦官魏忠贤。每当魏忠贤向他禀报事务时，朱由校总是说："你看着办吧，怎么办都行！"结果，导致魏忠贤在朝廷中遍设锦衣卫，肆无忌惮地杀戮重臣名将，造成了大批冤狱。

四是信任下属。授权的前提是要用人不疑，信任下属，下属职权范围内的事情要让下属决断处理。如果领导干部不信任下属，他就不敢授权给下属。诸葛亮的教训是值得我们现代领导干部汲取的：

刘备死后，诸葛亮总是担心别人不能尽忠职守，因此，立了一条"罚二十以上皆亲览"的制度。事无巨细，一概由自己处理。有人曾经劝他："治家之道，在于各司其职，如果凡事家主必躬亲，将形疲神困，终无一成。"

但诸葛亮没有接受这一劝告，他说："吾非不知，但受先帝托孤之重，唯恐他人不似我尽心也！"

于是，他“寝不安席，食不甘味”，“夙夜忧叹”。结果，刚到54岁就去世了，留下了“出师未捷身先死”的遗恨。

第二，了解授权对象的特点。授权，说起来简单，但具体实施得好，却不是一件容易的事情。它是一项原则性强，政策性高的严肃工作。

要做好这项严肃的工作，必须了解授权对象，对准备接受权、责的人有正确的了解和准确的把握。一般说来，下面这些基本的情况都是应该了解并把握的：

一是素质能力。通过了解其素质能力，看他是否能承担、完成好即将授权的工作任务。

二是兴趣特长。通过了解其兴趣特长，看即将授权的工作任务，是否能调动起他的工作热情和潜能。

三是工作态度。通过了解其工作态度，看他是否能认真履行好职责。

第三，寻求授权的理想人选。人们常说：有岗就有职，任职就有权，有权就有责。因此，授权，必须选择寻求到那些能够“履好职，用好权，负好责”的人。这是授权的关键一环。

一般而言，具有以下特点的人，常常是授权的较为理想的人选：

一是忠诚老实者。忠诚老实，就是忠诚于党的信仰，忠诚于党的组织，忠诚于党的路线方针政策，不说大话、假话来进行蒙骗。

习近平总书记2018年7月3日在全国组织工作会议上强调：“政治标准是硬杠杠。这一条不过关，其他都不过关。如果政治不合格，能耐再大也不能用。”他还进一步指出：“政治上有问题的人，能力越强、职位越高，危害就越大。我们选用的干部必须是政治上过得硬、靠得住的干部。”

忠诚老实者，办事认真负责，工作踏实肯干；敢于坚持原则，敢于坚持真理。富贵不能淫，威武不能屈，贫贱不能移。请看下面这一则历史故事：

公元前100年，匈奴贵族在汉军的沉重打击下，不得不收敛起嚣张的侵略气焰，要与汉朝讲和。

于是，汉武帝交给苏武一根使节杖，让他以国家使者的身份出使匈奴。然而，匈奴表面上要讲和，实际上并无讲和的诚意。因此，当苏武到达匈奴后，便被匈奴扣押了。

匈奴王派人劝降苏武。苏武不从。他说：“我绝不能为丧失气节而苟且偷生。”于是，拔剑自刎。后经匈奴御医抢救，才脱离生命危险。

匈奴王见劝降不成，便将苏武关进了地窖，并断绝了粮水，企图用寒冷和饥饿来迫使他投降。但他就是宁死不投降。匈奴王无奈，就将他流放到荒无人烟的北海（今贝加尔湖一带），让他在那里牧羊。

苏武在北海，“历尽难中难”，但却“心如铁石坚”。他终日手持使节杖，期盼着有朝一日活着回到祖国。

公元前81年，在匈奴整整苦熬了19年的苏武，手持早已破旧不堪的使节杖，回到了长安。此时的苏武，已是须发皆白，瘦骨嶙峋。

这就是一个忠诚老实的人。授权给忠诚老实者，他会用忠诚来书写敬业，用奉献来诠释职责，用生命来铸就不朽。

二是团结互助者。俗话说：“团结就是力量。”一般说来，现代工作多具有复杂性、综合性的特点。这种特点决定了工作任务的完成，需要组织成员间的通力协作。因此，授权给能够团结互助的人，就尤其显得重要。

善于团结互助者，能协调好人际关系，凝聚力强。授权给他们，能形成水涨船高的局面。

三是勇于创新者。勇于创新者，善于独立思考，有独到见解；勇于创新者，开拓能力强，能另辟蹊径；勇于创新者，能克服教条主义和本本主义，能用发展的眼光观察问题，认识世界，能充分开发自己的潜能，用智慧去解决理论和实践的问题。

授权给勇于创新的人，能开拓工作的新局面。韩信就是一个勇于创新者。

韩信是西汉著名的军事将领。有一次，他率兵与敌国作战，要经过一个险要隘口。

敌军的将领说，这条隘路容不下两马并行，韩信行必受阻，我们可以逸待劳，一举歼之。

没想到，韩信率兵来到这个隘路口时，把两马一前一后拉缰，出其不意地打败了敌军。

敌军的将领固守成规，以致惨败。而韩信则善于打破窠臼，勇于创新，完成了战斗任务，取得了胜利。

3. 让合适人做合适事，给合适人以合适权

20 世纪最成功的企业家杰克·韦尔奇说："让合适的人做合适的事，给合适的人以合适的权，远比开发一项新产品更重要。"这话说得非常有见地。

落实，人是第一位的。没有人，任何工作任务都是无法落实的。有人说，"一个组织有没有落实能力，关键看有没有选对人。一个再完美的战略决策，也会毁在缺乏落实能力的人的手中。"这是有识之士的论断。

因此，落实，必须"把合适的人请上车，把不合适的人请下车"，让合适的人去做合适的事情。

让合适的人去做合适的事情，各项工作任务才能真正有效地落实。怎样才能让合适的人去做合适的事情呢?

第一，摘掉有色眼镜。常言道："用人难，识人更难。"的确，就连孔子这位大圣人在识别人才时，也曾经走过麦城。

《史记·仲尼弟子列传》中所说的，"以貌取人，失之子羽"，

说的就是这件事。

子羽，姓澹台，名灭明，是孔子的学生。他比孔子小了 39 岁。

子羽相貌丑陋，想拜孔子为师。孔子虽然收下了子羽，但认为从他的相貌上看，难以成才，不会有大的出息。

然而，子羽离开孔子后，曾任鲁国大夫，而且做事公道正派。他又南下楚国，设坛讲学，培养了几百名弟子，名扬诸侯。

孔子听说了这件事情之后，感慨地说，我“以貌取人，失之子羽”。

显而易见，孔老夫子是戴着有色眼镜来审视子羽的。在现实社会中，戴着这种有色眼镜来识别人才者，也大有人在。而且这种有色眼镜还形形色色。

所谓有色眼镜，就是习惯化、固定化的认知模式。也可以称之为社会心理效应。

要正确识别选拔人才，把合适的人放到合适的位置上，必须摘掉有色眼镜，改变认知模式，走出识人用人的心理误区。一般说来，识人用人常见的心理误区主要有以下几种：

一是首因效应。首因效应，又称“第一印象的作用”。它是指人们的知觉因素与情感因素的结合所形成的心理定式对一个人整体评价的影响。

第一印象具有表面性、片面性、主观性的特点，因为通过第一印象人们所获得的，主要是人的外部特征，如仪表容貌，言谈举止等。这种外部特征所反映的是人的非本质特征。拿这种非本质特征来识才、选才、用才，往往会造成以貌取人，凭印象用人的失误。

二是晕轮效应。晕轮效应，又称光环效应。它是指一个人的突出特征会像耀眼的光环一样，引起人们的重视注意，从而使人们对他的其他品质视而不见，并进而影响对他的整体评价。这实质上就是俗话所说的“一俊百俊，一丑百丑”。

在选拔使用人才、安排人员去落实工作任务的过程中，领导干部一定要特别注意防止晕轮效应的干扰。对人的评价，要客观公正，既不以功掩过，也不以过掩功。

三是月光效应。月亮本身并不发光，但是它借助着太阳发出柔和的光亮，从而受到人们的欣赏、喜爱。

在人才选拔任用的问题上，也存在着这类问题。某人本来并非是“千里马”，甚至可能是“阿斗”，但是，由于他是某位领导的亲戚、朋友、同学，于是，就被人相中，跻身于领导行列。这就是所谓“龙生龙，凤生凤”。

月光效应在选拔使用人才时，是一定要注意避免的。道理非常清楚，检察长的儿子不一定能当检察官，诗人的儿子不一定能当文化局长。

选拔使用人才，应该重视他本身的德行和才能，而不能为月光效应所左右。

四是马太效应。所谓“马太效应”，就是对已有相当知名度的人给予更多的荣誉，而对于那些尚未成名的人，则忽视或贬低他们的成绩、才能。这种不合理的社会现象，在人才选拔任用上的表现，则是“显才”容易得到重用而更“显”，“潜才”容易受到埋没而更“潜”。

“马太效应”是由美国科学史研究者罗伯特·莫顿于1973年首先

提出的。之所以称为“马太效应”，是《圣经 · 马太福音》中有这样一句话：“凡有的，还要加给他，叫他多余；没有的，连他所有的，也要夺过来。”

第二，培养知人之智。“知人”是“善任”的前提。领导干部如果不能准确地“知人”，“善任”也就是一句空话。

但是，要想准确地知人，也不是一件容易的事。就连智慧的化身诸葛亮都感叹：“夫知人之性，莫难察焉。美恶既殊，情貌不一，有温良而为诈者，有外恭而内欺者，有外勇而内怯者，有尽力而不忠者。”[1]

在诸葛亮看来，要辨识一个人的品性，是一件非常棘手的问题。善和恶固然是差之千里，但内因的真实想法，和外在所显露的神情也总是不一致。有的人外表温良忠厚，行为却虚伪奸诈；有的人外表恭恭敬敬，内心却满怀险恶；有的人外表威武凶猛，内心却胆怯懦弱；有的人办事看起来尽心尽力，实际上却是心怀鬼胎。

正因为“知人之难”，所以三国的人才学家刘邵在《人物志》里把“知人”归为最难得的才能，并提出“知人者智”的论断，即知人是最大的聪明。

那么，如何“知人”呢？诸葛亮曾提出了“知人之性”的七个办法：

“一曰间之以是非而观其志，二曰穷之以辞辩而观其变，三曰咨之以计谋而观其识，四曰告之以祸难而观其勇，五曰醉之以酒而观其性，

1.《诸葛亮集 · 将苑 · 知人性》，中华书局，1960 年 8 月版，第 78 页。

六曰临之以利而观其廉，七曰期之以事而观其信。”[1]

诸葛亮认为：考察和辨识一个人的人品，有七种方法：一是提出是非不同的问题，来观察他的思想水平；二是用连续发问穷追到底，考察他的应变能力；三是请他出谋划策，考察他是否有见识；四是告诉他祸患和困难，考察他是否勇敢坚韧；五是用酒灌醉他，观察他的真实品性是否表里如一；六是用财物利诱他，考察他是否清正廉洁；七是就某件事情跟他相约，考察他是否守信用。

诸葛亮所提出的这七个办法，虽然有设圈套之嫌疑，但从某种意义上来讲，还是很有借鉴意义的。

第三，掌握用人要领。“知人”是为了“善任”。也只有做到了“善任”，领导者才是真正地“知人”。“善任”，一定要处理好四个关系：

一是“亲”与“贤”的关系。“任人唯亲”和“任人唯贤”是两条对立的用人路线。它们的本质区别就在于用人为私，还是用人为公。我们党的用人政策，是“任人唯贤”，坚决反对“任人唯亲”。

正确处理“亲”与“贤”的关系，要求我们在选拔使用人才时，要出以公心，首先考虑的应该是他的品德和才能，而不是考虑他是否是你的亲朋、好友。

当然，不是说亲朋、好友不能用，关键是先看什么。如果我们的亲朋、好友有德、有才，当然可以“举贤不避亲”。

二是“德”与“才”的关系。“德才兼备”是选拔使用人才的理

1.《诸葛亮集·将苑·知人性》，中华书局，1960年8月版，第78页。

想标准，按照这个标准选拔使用人才，一定能保证人才的质量。

但是，我们在具体选才用人的实践中却发现，每个人“德”与“才”的水平实际上是不平衡的。有的人品德比较好，但才能差一些；有的人才能强一些，但品德却是略逊一筹。真正“德才兼备”的人，为数并不是很多。所以，鲁迅先生就曾经很幽默地说：“倘要完全的人，天下配活的人也就很有限。”

既然如此，那么，我们在选拔使用人才时，就要处理好“德”与“才”的关系。

德才兼备，好中选优。选拔使用人才，必须坚持高标准，严要求，德才兼备，好中选优。所谓德才兼备，就是品德好，能力强。选拔使用这样的人才，一定能使工作任务保质保量地完成。

德才相比，德先才后。选才用人，才华固然重要，但品德更为关键。“德是才之本”，“才为德之资”。道德常常能填补智慧的不足，而智慧永远填补不了道德的缺陷。

道德品质是人才的成事之基，立业之本。因此，中国传统文化强调“修身，齐家，治国，平天下”。

宋代史学家司马光在编纂《资治通鉴》时，曾经根据晋国的大夫智伯因为才干胜过德行，挟才为恶，导致晋国灭亡这一典型的事例，提出了处理德才关系的原则。

司马光认为，就德才关系而言，无非有四种：“才德全尽谓之‘圣人’，才德兼亡谓之‘愚人’，德胜才谓之‘君子’，才胜德谓之‘小人’。”

选拔使用人才，当然应该选拔使用那些德才兼备的“圣人”；如果没有德才兼备的“圣人”，退而求其次，是要选拔使用德胜才的“君子”；如果“圣人”、“君子”都得不到，那么，宁可要“愚人”，也不要“小人”。即“凡取人之术，苟不得圣人、君子而与之，与其得小人，不若得愚人。”

这是因为，“君子挟才以为善，小人挟才以为恶。挟才以为善者，善无不至矣；挟才以为恶者，恶亦无不至矣。愚者虽欲为不善，智不能周，力不能胜，譬如乳狗搏人，人得而制之。小人智足以遂其奸，勇足以决其暴，是虎而翼者也，其为害岂不多哉！”[1]

在司马光看来，君子凭借他的才能去做善事，做好事；小人则凭借着他的才力去做恶事，做坏事。

凭借才能做善事，做好事的，善事、好事会做得很周至；而凭借才力做恶事，做坏事的，恶事、坏事则会做得登峰造极。“愚人”即使想做坏事也不可怕，因为他们的才力不济，这就像小狗攻击人，人很容易就能制服它。而小人如果有才力，便如虎添翼，足以使他们干坏事的阴谋得逞，危害极大。司马光的观点很有道理。

德才兼备，不求完备。选拔使用人才，坚持高标准，严要求，德才兼备，好中选优，是前提条件，但是，也不应该因此而求全责备，一味地去追求“完人”、“全才”。如果一味地追求“完人”、“全才”，那天下就很少有能用的人了。

因此，我们在选拔使用人才时，应该牢记“德才兼备，不求完备”

1.《资治通鉴》卷一，第14—15页，中华书局，1956年6月版。

这八个字。习近平总书记2018年7月3日在全国组织工作会议上的讲话中说过："'人非圣贤，孰能无过。'每个干部都有这样那样的缺点和不足，对此要实事求是、正确对待，不能不问青红皂白、一棍子打死。走前人没有走过的路、做前人没有做过的事，难免出现瑕疵和失误。如果一味求全责备，干部的积极性就会遭到伤害。"

一般来说，求"德"，要看大节，赦小过；求才，要看其是否能胜任本组织的工作，以及他是否比同层次的其他可选人员更胜一筹。

美国南北战争时的总统林肯，曾经给北军选了三位总司令，选用的标准都是他们必须没有什么缺点，而且这三位总司令统率的北军还拥有人力物力的绝对优势。但打了三四年，战局没什么进展，结果都被南军打败。

后来，林肯任命格兰特将军为总司令，而不去理会有的人对格兰特将军"嗜酒贪杯，难当大任"的反映。全力支持格兰特将军发挥所长。事实证明，格兰特将军的受命，正是南北战争的转折点。

我们说，求"德"，要看大节，赦小过。那么，在新时代"大节"是什么？大节就是"忠诚、干净、担当"。2018年7月3日习近平总书记在全国组织工作会议上的讲话中指出："'育才造士，为国之本。'贯彻新时代党的组织路线，建设忠诚干净担当的高素质干部队伍是关键。"

"大节"是政治标准。习近平总书记强调，选什么样的人？就是要坚持好干部标准，把政治标准放在第一位。政治标准是硬杠杠。这一条不过关，其他都不过关。如果政治不合格，能耐再大也不能用。

他还指出，政治上有问题的人，能力越强、职位越高，危害就越大。我们选用的干部必须是政治上过得硬、靠得住的干部。看一个干部政治素质高不高，主要看是否树立“四个意识”、坚定“四个自信”，是否坚决维护党中央权威和集中统一领导，是否全面贯彻执行党的理论和路线方针政策，是否积极贯彻落实党中央重大决策部署，是否忠诚干净担当。

三是“长”与“短”的关系。实际上，所谓人才，也有其擅长的特定领域。假如把他放置在他不熟悉的领域，优势也就变成了劣势。正像清代诗人顾嗣协在《杂兴》诗中所写的：“骏马能历险，力田不如牛。坚车能载重，渡河不如舟。舍长以就短，智者难为谋。生材贵适用，慎勿多苛求。”因此，领导干部用人要学会处理好长与短的关系。

先看其长，后看其短。用人要是先看长处，到处都是可用之人；要是先看短处，天下都是无能之辈。司马光在《资治通鉴》卷一中曾经记载过这样一个故事：

孔子的学生子思，在卫国做事。有一次，他向卫侯举荐一个叫苟变的将领，说：“苟变是一位能攻善战的将才，可以统兵五百乘（37500人），应该重用他。”

卫侯听了子思的话，摇摇头说：“我知道苟变是位将才。但是他在做税官收税时，白吃了人家的两个鸡蛋，所以，我因此而一直没有用他。”

听了卫侯的这番话，子思感慨地说：“好的领导者使用人才就好像木匠选择木料一样，取其长处，弃其短处。好的木材即使有几尺长的朽坏之处，优秀的木匠也不会因此而轻易放弃它。现在正处于战乱的世道，国家急需人才，但是您却因为两个鸡蛋那样的小事，而弃勇猛将才，这种事千万别传出去叫邻国知道。传出去会叫邻国笑话。”

卫侯用人就是先看短处。结果，为了两个鸡蛋这样的小事而放弃了一个人才。

用其长处，避其短处。每个人都有长处和短处。人实质上是长与短的统一体。用人，应该择其长处来使用，而尽量将其短处避免。

短中见长，善用其短。扬长避短，是用人的基本方法。但是，事物都是辨证的。在不同的情景中，长与短却是可以互相转化的。因此，高明的领导者在选才用人时，总是能“短中见长，善用其短”。唐朝大臣韩滉便是如此。

一次，有位年轻人来向韩滉求职。此人脾气古怪，不善言谈，做事古板，不懂人情世故。

韩滉身边的人认为此人不可用。但韩滉却认为，做事古板，不懂人情世故是短处，但也是长处。因为他做事更能一板一眼，更能铁面无私。于是，韩滉就让他去监管库房。

这位年轻人上任之后，果然铁面无私，是一位称职的库房管理者。

所以说：“垃圾是未被利用的财富，庸人是放错了位置的人才。”

“扬长避短”固然值得牢记，但“短中见长，善用其短”，更是用人的高超艺术。

四是“职”与“能”的关系。处理好“职”与“能”的关系，要“因事设人，量才任职”。正如习近平总书记 2018 年 7 月 3 日在全国组织工作会议上的讲话中所强调的，怎么用人？就是要坚持事业为上，以事择人、人岗相适。古人说："为官择人者治，为人择官者乱。"用干部是为了干好事业。过去战争年代，谁能打仗、打胜仗谁就上，而不是考虑谁的资历老、级别高谁才上。选人用人，要坚持事业需要什么样的人就选什么样的人，岗位缺什么样的人就配什么样的人，不能论资排辈、平衡照顾。要正确把握事业发展需要和干部成长进步的关系，把合适的干部放到合适的岗位上。

4. 改进领导工作作风，真抓实干促进落实

这里所说的“作风”，是指领导干部的工作作风。所谓领导干部的工作作风，是指领导干部在领导活动的过程中所体现出来的行为特点，所贯穿于工作过程中的一贯风格。

领导干部的工作作风对“落实”工作有着非常重要的影响。一个求真务实的领导，会踏踏实实地落实自己所肩负的各项工作任务；而一个浮躁浮夸的领导，对自己所肩负的工作任务大多会采取应付了事的态度。

因此，要有效地促进落实工作，领导干部必须具有良好的工作作风。换句话讲，良好的工作作风也是促进工作落实的一种重要方法。

这就要求领导干部改进工作作风，培养有利于落实的良好工作作风。

第一，遏止官僚主义。官僚主义是一种脱离群众、脱离实际、工作怕艰苦、作风不深入、当官做老爷的工作作风。

在长期的革命工作实践中，我党同官僚主义进行着不懈的斗争。

毛泽东同志1933年8月在《必须注意经济工作》的报告中，提出“要把官僚主义这个极坏的家伙抛到粪缸里去”。

1963年，周恩来同志在中共中央和国务院直属机关负责干部会议上的报告中，将官僚主义的种种表现逐一进行了揭露。如高高在上，孤陋寡闻；狂妄自大，骄傲自满；主观片面，粗枝大叶；官气熏天，不可向迩；不学无术，耻于下问；遇事推诿，怕负责任；浮夸谎报，瞒哄中央；弄虚作假，文过饰非等。周恩来认为，官僚主义“是领导机关最容易犯的一种政治病症”。

1980年，邓小平同志在《党和国家领导制度的改革》的讲话中指出：“官僚主义现象是我们党和国家政治生活中广泛存在的一个大问题”，他还列举了官僚主义24种的主要表现和危害，认为“已达到令人无法容忍的地步”。

毛泽东、周恩来、邓小平等领袖人物所揭露痛斥的官僚主义在今天也同样不同程度地存在着。有的领导干部缺乏公仆意识，脱离群众，官气十足；有的领导干部不深入实际调查，凭主观想象决断问题；有的领导干部对工作不负责任，缺乏事业心和敬业精神。

正如2018年4月28日习近平总书记在湖北考察时所指出的：“当前形式主义、官僚主义依然突出，又有新的表现形式。要把力戒形式主义、官僚主义作为加强作风建设的重要任务，大力弘扬真抓实干作风，推进工作要实打实、硬碰硬，解决问题要雷厉风行、见底见效，面对难题要敢抓敢管、敢于担责。要深入开展调查研究，摸清情况，找到症结，做到心中有数，不能拍脑袋决策，真正把功夫下到察实情、出实招、办实事、求实效上。”

革命导师列宁对官僚主义向来深恶痛绝。他曾大声疾呼：“共产党员成了官僚主义者，如果有什么东西会把我们毁掉的话，那就是这个。”他对官僚主义者的处理也绝不手软：

一次，几个农民为申诉地方政府非法征用他们的马匹，写了两封请愿书给人民委员会总务处。总务处把请愿书交给野总司令部动员委员会审查，动员委员会把信转给首都事务特别委员会，特别委员会又把请愿书退回人民委员会。并在信封上写道：“工作太忙，根本没有功夫来管这些琐事。”

这两封请愿书在三个机关转了三个星期，什么问题也没有解决。列宁得知此事后，非常气愤，当即给国家监察部负责人写了一张便条，建议“把写这个批语的官僚逮捕起来。”

作为领导干部，要有效地做好“落实”工作，必须首先遏止官僚主义。

第二，反对形式主义。唯物辩证法告诉我们，内容与形式是辩证的统一。我们做任何事情，都要有一定的形式。但形式只能为内容服务，而不能置内容于不顾，为形式而形式。如果不管内容，只讲形式，那就是形式主义。

所谓形式主义，就是处处只讲究表面的形式，不讲究事情的实际，不讲实际内容、实际效果和实际意义。这种形式主义，只有哗众取宠之心，没有实事求是之意。

形式主义违背马克思主义的辩证法原理，哗众取宠，会严重影响工作任务的真正有效落实，会给党和人民的事业带来严重的危害。正如有的领导同志指出："形式主义的东西多了，层层效仿，大量的时间都花在这个上面，对领导来说，耗费许多精力，妨碍深入实际；对群众来说，劳民伤财，不堪其累。"

然而，在我们的一些单位和部门中，这种严重危害党和人民利益的形式主义却大量存在着，值得我们注意。其表现最为突出的就是：

不去认真领会中央精神，也不去了解下情，只习惯于做表面文章，空喊口号。

不去踏踏实实地为人民群众办实事，而是沽名钓誉，大搞形象工程、面子工程。

对于官僚主义和形式主义，习近平总书记曾经指出过它们的实质和危害。他指出："形式主义实质是主观主义、功利主义，根源是政绩观错位、责任心缺失，用轰轰烈烈的形式代替了扎扎实实的落实，用光鲜亮丽的外表掩盖了矛盾和问题。官僚主义实质是封建残余思想作祟，根源是官本位思想严重、权力观扭曲，做官当老爷，高高在上，脱离群众，脱离实际。"[1]他要求："反对形式主义，要着重解决工作不实的问题，教育引导党员、干部改进学风文风会风，改进工作作风，在大是大非面前敢于担当、敢于坚持原则，真正把心思用在干事业上，把功夫下到察实情、出实招、办实事、求实效上。反对官僚主义，要着重解决在人民群众利益上不维护、不作为的问题，教育引导党员、

1. 习近平：《在河北调研指导党的群众路线教育实践活动时的讲话》（2013年7月11日、12日），新华网，2017年8月25日。

干部深入实际、深入基层、深入群众，坚持民主集中制，虚心向群众学习，真心对群众负责，热心为群众服务，诚心接受群众监督，坚决整治消极应付、推诿扯皮、侵害群众利益的问题。”[1]

第三，培养良好的工作作风。培养良好的工作作风，不仅要将形式主义、官僚主义等不良的工作作风扫进历史的垃圾堆。与此同时，还要在工作实践中形成具有新时代特色的良好工作作风。

一是全心全意为人民服务的工作作风。全心全意为人民服务是我党的根本宗旨，也是落实主体必须具有的工作作风。

落实主体有了这种工作作风，才能深入基层，深入实际、深入群众，注意倾听群众的意见和呼声；才能关心群众疾苦，时刻把群众的安危冷暖挂在心上，及时解决群众的困难；才能依靠群众，切实地为人民群众谋福利，把为群众谋利益作为工作的出发点和落脚点；才能虚心地向人民群众学习，虚心接受群众的批评和监督；才能忠诚于人民，永远做人民的公仆。

二是勤政为民、真抓实干的工作作风。“勤政为民、真抓实干”，是党在新的历史条件下始终赢得最广大人民群众拥护和支持的需要。

我党之所以能在革命、建设和改革中不断取得一个又一个的胜利，就是因为我们的广大党员干部能全心全意地为人民服务，真心诚意地为最广大人民群众谋利益，真正做到了“勤政为民、真抓实干”，从

1. 习近平：《在党的群众路线教育实践活动工作会议上的讲话》（2013 年 6 月 18 日），《十八大以来重要文献选编》（上），中央文献出版社 2014 年版，第 314 页。

而赢得了人民群众的信任、拥护和支持，将最广大的人民群众紧紧地团结在党的周围。

在决胜全面建成小康社会，夺取新时代中国特色社会主义伟大胜利的历史时期，更需要“勤政为民、真抓实干”的工作作风。

落实主体只有树立了这种优良的工作作风，全面建成小康社会，夺取新时代中国特色社会主义伟大胜利的战略任务，才能有效地落实。

“勤政为民、真抓实干”，是一个人高尚品格的体现，是一个人责任心、事业心的体现。

三是诚心诚意为群众谋利益的工作作风。《中共中央关于加强和改进党的作风建设的决定》(以下简称《决定》)指出：“密切联系群众，最重要的是要体察民情，了解民意，集中民智，珍惜民力，诚心诚意为群众谋利益。”

习近平总书记曾经指出：“‘治政之要在于安民，安民之道在于察其疾苦。’古人议政的这句话，今天依然值得借鉴。只要我们把民众的疾苦了解到、处理好，‘去民之患，如除腹心之疾’，只要我们能真正代表人民的根本利益，‘以百姓之心为心’，我们的周围就会吸引和凝聚起千百万大众，还愁什么社会不稳？！”[1]习近平总书记还强调要求：“党员干部必须密切联系群众，这不能仅是一句口号，而应当化为实实在在的行动。从我们的实际情况看，当前密切联系群众最重要的是要坚持走群众路线，从严治党，为人民

1. 习近平：《干部的基本功——密切联系人民群众》，人民网，2014 年 10 月 27 日。

办实事。”[1]

落实主体应该按照《决定》和习近平总书记的要求，倾听群众的呼声，关心群众的疾苦，把群众的安危冷暖时刻放在心上，维护人民群众的经济、政治、文化权益，努力为群众办实事、办好事，帮助群众排忧解难，把党和政府对人民群众的真切关心，真正落实到位。

1. 习近平：《干部的基本功——密切联系人民群众》，人民网，2014 年 10 月 27 日。

5. 畅通有效沟通渠道，上下同欲方能落实

我们在前文说过，不落实或落实不力的一个主要根源就是“上下不能同欲”。为什么“上下不能同欲”？根本的原因就在于领导干部与下属群众缺乏有效的沟通。

缺乏有效的沟通，下情就不能上达。下情不能上达，领导决策就将脱离客观实际，一个脱离客观实际的决策必然会导致下属群众的抵触。事实上，决策执行的效果取决于两个因素：一是决策本身的质量；二是落实执行者对决策内容接受的程度。两者相互制约。

缺乏有效的沟通，上情就不能下达。上情不能下达，上级所确定的战略部署就不能为下属群众所知晓，上级所制定的政策就不能为下属群众正确理解。不知晓、不理解怎么能有效落实呢？

因此，要想有效地促进工作的落实，领导干部必须与下属群众实现有效的沟通。

第一，充分认识沟通在落实工作中的重要性。我们这里所说的沟通，是指领导干部在部署、实施工作任务的过程中，为推进工作任务的落实，

实现领导目的，所进行的信息传递和了解的过程。

沟通是组织系统得以存在和发展的前提。组织系统是一个由多层次、多平面纵横交错的复杂关系构成的有机整体。该整体能否有序运转，充满活力，在一定程度上取决于能否有效地进行沟通。

如果沟通渠道畅通，整个组织系统就会正常有序地运转活动；反之，整个组织系统就会陷于瘫痪。从这种意义上讲，沟通是组织系统得以存在和发展的前提。

沟通是科学决策、正确实施决策的基础。决策是否科学、正确，决策的实施是否顺利、有效，与信息情报的收集、了解等有着密切的关系。领导干部只有掌握了全面而正确的信息情报，并在此基础上对信息情报做正确的分析，去伪存真，由表及里，透过现象看本质，才能做出科学的决策来。而信息情报的收集和了解，是离不开沟通的。沟通贯穿于决策制定的全过程。

《韩非子·喻老》曾经记载过这样一个故事：春秋时，楚庄王准备讨伐陈国，便派使者前去侦察陈国的情况。使者侦察后回来报告说："陈国是不能讨伐的，因为它城墙高，护城河深，积蓄的财物多。"大臣宁国听了他的话，却认为，可以攻打陈国。他向楚庄王分析说："陈国，是个小国家，而它积蓄的财物却很多。这表明它的赋税重，老百姓一定对国君怨恨不满了。城墙高，护城河深，则民力肯定疲惫不堪了。此时派兵攻打它，一定能够大获全胜。"庄王接受了宁国的建议，遂夺取了陈国。（原文：楚庄王欲伐陈，使人视之。使者曰："陈不可伐也。"庄王曰："何故？"对曰："其城郭高，沟洫深，蓄积多也。"

宁国曰："陈可伐也。夫陈，小国也，而蓄积多，赋敛重也，则民怨上矣。城郭高，沟洫深，则民力罢矣。兴兵伐之，陈可取也。"庄王听之，遂取陈焉。）

这里，信息情报相同，但由于见识的高低深浅不同，便得出了截然相反的决策意见。试想，如果庄王不跟群臣进行有效沟通，偏听偏信，或为表面现象所迷惑，决策就会失误。

沟通不仅贯穿于决策制定的全过程，还贯穿于决策的实施过程。实施者只有准确地理解决策方案，全面地了解决策的具体内容，才能使决策得到正确地实施。而这一切，都必须有畅通的沟通渠道。

沟通是提升组织整体落实水平和能力的重要途径。在现代化大生产的条件下，工作任务的落实执行往往不是一个人单打独斗所能实现的，而必须是团队通力合作的结果。有效的沟通，能使组织成员交流思想，共享信息与技术，从而提升组织的整体落实水平和能力。

第二，落实中的沟通必须要及时。沟通，从信息流动的方向上来看，有上行沟通、下行沟通和平行沟通，但不管是上行沟通，还是平行沟通，抑或是下行沟通，都应该注意及时。及时才能有效。

比如，在工作上，上级领导机关在制定大政方针、工作计划时，要及时把有关情况通报、传达给下级，而下级在执行大政方针、落实工作任务的过程中，也要及时把有关情况反馈给上级机关。这样，才能保证决策的正确性、有效性。

比如，在思想上，上级领导要能主动找下属谈心，向下属敞开自己的心扉，以便下属了解自己的想法、打算；下属则应主动地向上级领导汇报自己的思想，以便上级领导了解自己的意愿和意见。

第三，落实中的沟通要通俗易懂。俗话说：“话须通俗方传远。”列宁说，重视经常不断的宣传工作，就应该确切地和全面地制订必须加以通俗化的那些原则。

俄国作家赫尔岑说过：“没有难懂的科学，只有难懂的解释，即不可领会的解释。”怎样使沟通通俗易懂呢?

一是把深奥的道理浅显化。做到这一点的关键是：在用词上，要避免使用晦涩生僻的词语；在表达手法上，要从听话对象熟悉的事物入手。

二是把复杂的内容简明化。复杂的问题常常是关涉到多方面、多层次的问题。要想让听众听懂这些复杂的问题，有效的方法，就是将这些问题加以归纳梳理，使之具有条理。

三是把抽象的问题具体化。抽象的内容有时不易为人所理解。但是，如果能将抽象的内容具体化，听众就容易理解了。比喻是将抽象的问题具体化的有效方法。例如：

2014 年 5 月 4 日，习近平总书记到北大跟一些青年学生座谈。在谈到青年要树立正确的价值观时，他说：“青年的价值取向决定了未来整个社会的价值取向，而青年又处在价值观形成和确立的时期，抓好这一时期的价值观养成十分重要。这就像穿衣服扣扣子一样，如果第一粒扣子扣错了，剩余的扣子都会扣错。人生的扣子从一开始就要扣好。”[1]

青年树立正确的价值观是个很抽象的问题，但习近平总书记“这就像穿衣服扣扣子一样，如果第一粒扣子扣错了，剩余的扣子都会扣错”这句比喻，就很通俗地说明了这个问题。

1.《习近平总书记的青春寄语》，新华网新华视点，2017年5月4日。

6. 减少内耗避免冲突，协调关系齐抓共管

落实，离不开协调。因为正像我们前文所说的，现在部门之间、单位之间、上下级之间存在着条块分割，职能不清，互相协作不够的现象，致使工作运转有很多梗塞，影响了工作任务的落实。因此，有效地协调好关系，就成了领导干部落实或抓好落实工作的一个重要方法。

第一，协调在落实工作中不仅必要而且重要。我们这里所说的协调，是领导干部在工作落实的过程中，为实现既定的组织目标，而对相关的因素，即人与人、人与事、事与事等，所进行的配置与调整，使之发挥最佳整体效能的活动。协调在工作落实的过程中不仅十分必要，而且非常重要。

协调，是减少内耗，实现组织整体落实能力增强的有效途径。在现代大生产的条件下，工作落实往往是一项非常复杂的工作。它不仅会涉及多种因素，也存在着各种矛盾，并有着许多不协调的现象。领导干部只有将各种因素予以适当地配置，将各种矛盾予以得当地化解，

才能有效地利用人力、物力、财力和智力，才能有效地消除组织内部有害工作落实的不和谐音符，使组织的合力增强，使组织整体的落实能力提高。

协调，是避免冲突，实现工作目标的必要手段。在领导活动中，领导者与被领导者是一对永恒的矛盾体。这对矛盾体由于角色、地位的差异，难免在认知、观念等方面发生冲突。这种冲突如果不能有效地解决，势必影响工作任务的有效落实，影响组织工作目标的实现。

古人云："上下同欲者胜。"领导干部必须寻求有效的途径来避免上下级之间冲突的发生，消除同一组织内部的各种"杂音"，统一被领导者的思想。协调，就是一种必要的手段。

协调是化解矛盾，加强组织成员团结的重要方法。组织成员由于性格、认知、思想、需求等方面的差异，不可避免地会出现种种矛盾。

这些矛盾极大地妨碍着组织成员之间的团结。一个不能有效团结的组织，是不可能真正落实好工作任务的。

领导干部必须运用正确而得当的方法来化解这些矛盾，以使组织成员加强团结，齐心协力地为落实工作任务，实现组织目标而努力工作，共同奋斗。协调，就是一种重要而有效的方法。

根据协调的对象和内容，可以将协调分为工作关系协调和人际关系协调。

第二，工作关系协调的基本方法。工作关系协调，是以工作为对象的协调。它包括部门之间任务的协调、工作时间的协调、政策措施的协调和工作要素的协调，等等。

正确的协调方法有助于提高工作关系协调的效果，有益于工作目标的实现，有益于工作任务的落实完成。一般说来，工作关系协调的基本方法主要有以下几种：

一是目标协调法。目标协调法，是一种通过下达工作目标和工作计划，并规定一定的约束条件，来统一人们的思想，调节人们的行为，使整个工作关系趋于和谐有序的协调方法。

目标协调法是一种有效的工作关系协调方法。但运用这种方法一定要注意两点：首先，目标的设置要明确、具体，计划的制定要明晰、可行；其次，要采取有效的措施，使工作目标和工作计划为相关的组织成员所知晓。

二是行政协调法。行政协调法，是一种通过行政组织系统，利用行政方法直接对工作关系的各个方面进行干预，以使整个工作关系保持良好秩序的协调方法。

行政协调法是一种带有强制性、权威性特征的协调方法。这种协调方法因为有权力作为保障，所以效用明显。但这种方法也有一定的缺陷，就是容易由行政协调变成单纯的行政命令，从而背离民主集中制的要求。因此，运用这一方法时，领导干部还应该注意结合其他的方法，以避免单纯行政命令的产生。

三是经济协调法。经济协调法，是一种通过经济利益的手段，来诱导组织或组织成员改变其行为方向，使之工作方向趋同，齐心协力地为实现工作目标而努力的协调方法。

经济协调法，实际上是一种利益诱导方法。它依据人们的趋利心理，利用工资、奖金、罚款、经济责任等经济手段，从物质利益上来协调处理组织与组织、组织与组织成员、组织成员间的关系，来调动各方面的工作积极性。

经济协调法是一种有效的协调方法，但运用这种方法，一定要注意与其他的协调方法相结合，以免陷入单纯利益关系的误区。

四是法纪协调法。法纪协调法，是一种通过制定相关的法律、法规和各种规章制度，来约束和规范组织或组织成员的行为，以保证组织活动和谐有序运转的协调方法。

与其他协调方法相比较，法纪协调法更具权威性。它是工作关系协调的基本依据与准则。但这种协调方法的有效，还有赖于法律、法规和各种规章制度的健全、完善，有赖于执行的严格有力。

第三，人际关系协调的基本方法。在工作落实的过程中，有各种复杂的人际关系需要协调。但对领导干部抓工作任务落实影响最大的人际关系，主要是领导者与被领导者的关系。因此，这里我们主要介绍领导者协调处理与被领导者的方法。

领导干部要协调处理好与被领导者的关系，除了要知人善任，赏罚分明外，还要注意以下几点：

一是尊重被领导者，以礼相待。管理领域有这样一句名言："你要把员工当'人'，他会把自己当'牛'；你要把员工当'牛'，那他会把自己当'人'。"这句名言说的就是领导者要尊重被领导者。

任何被领导者都有自尊心，都有人格，上级领导如果能够尊重他们，以礼相待，他们就会尽心竭力地工作；领导干部如果随意怠慢和轻视他们，他们也会消极怠工，甚至会对领导者产生怨恨不满。

早在2000多年前，孟子老先生就对齐宣王讲过："君之视臣如手足，则臣视君如腹心；君之视臣如犬马，则臣视君如国人；君之视臣如土芥，则臣视君如寇仇。"[1]

在孟子老先生看来，作为国君，如果拿他的臣子当作手足兄弟，臣子也会把他看作是自己的亲人；如果拿他的臣子当作犬马，臣子就会把他看作是一般的人；如果拿他的臣子当作泥土、草种，那么，臣子则会把他当作仇敌。此言甚为深刻。

二是信任被领导者，以诚相待。领导干部不仅要尊重被领导者，还要信任被领导者，与被领导者坦诚相见。否则，被领导者就不会与领导者齐心协力。因此，领导干部要心胸坦荡，放下架子，真诚对待被领导者。

三是关爱被领导者，以情相待。古人云："感人心者，莫先乎情。"领导干部要协调处理好与被领导者的关系，仅有尊重、信任是不够的，还必须关心被领导者，了解被领导者的疾苦，"饱而知人之饥，温而知人之寒，逸而知人之劳。"[2]

当被领导者在生活、工作和学习中遇到困难的时候，领导干部要能及时予以帮助，让他们感受到上级领导的关爱之情。只有这样，上下级之间才能建立起融洽的亲情般的关系，被领导者也才能尽心尽力

1. 孟子：《孟子·离娄章句下》杨伯峻译注，中华书局1960年1月版，第186页。
2. 晏子：《晏子春秋·内篇谏上》，中华书局1962年版，上册，第74页。

地努力工作。

据史书记载，北宋乾德三年的一天，京城大雪纷飞，天气寒冷异常。宋太祖赵匡胤身穿貂皮衣，头戴貂皮帽，在讲武殿毡帐之中处理政事。

忽然，他对身边的人说，我坐在室内暖帐之中，穿戴的这样好，还觉得冷，那些西征的将士们在冰天雪地之中打仗怎么能受得了呢？说着，他就脱下皮衣，摘下皮帽，派人送给西征前线的统帅王全斌，并且传旨，对无法普遍地赏赐表示歉意。

接到皮衣皮帽，王全斌和将士们感动得泪流满面。他们士气大振，西征大获全胜。

7. 凝心聚力相互信任，齐心协力团结奋斗

凝心聚力，是指领导干部通过一定的措施、方式，使组织成员之间产生较为稳定、持久的向心力和亲和力的一项实践活动。凝心聚力的方法对于工作任务的落实不仅十分必要，而且非常重要。

第一，凝心聚力对于工作落实的必要性。凝心聚力对于工作落实的必要性，可以从客观和主观两个方面来予以认识。

从客观上看，凝心聚力之所以必要，是因为我们正处在一个急剧变革的时代。时代变革的内容是多种多样的，但最重要的变化就是组织成员的素质发生了重大的变化。

现在，组织成员的文化水平越来越高，民主意识越来越强，已经不再是过去那种领导说什么，组织成员就信什么的年月。因此，传统的命令式的领导方式已经不能适应变革时代的领导需要，领导干部要调动下属群众落实工作任务的积极性和创造性，必须运用凝聚的方式。

从主观上讲，凝心聚力之所以必要，是因为在组织系统中，领导干部与下属群众由于角色地位的差异，观察问题角度的差异，价值观

的差异，不可能对组织目标，以及对组织的价值观有着完全统一的认知，而且下属群众的个人目标与组织目标也不可能完全趋同。

这种差异是不可能通过外部力量来解决的，而“凝心聚力”，则能有效地将组织成员的行为引导到领导所期望的轨道上来，从而使组织成员认同组织的目标和价值观，使组织成员的个人目标与组织目标相兼容，相一致。

第二，凝心聚力对于工作落实的重要性。凝心聚力对于落实不仅必要，而且非常重要。具体说来，其重要性主要表现在以下三个方面：

一是凝心聚力能有效地增强组织成员接受和落实组织目标的自觉性。人的行为是由需要和动机决定的，而行为总是指向某种目标。

一般情况下，当组织成员的个人目标与组织目标相一致时，组织成员就能充分地发挥其积极性、主动性和创造性，工作效率也会大大地提高。凝心聚力是将组织成员的个人目标和组织目标统一起来的有效途径与方法。

领导者通过凝心聚力，能使组织成员认识到自身的价值，能使组织成员意识到组织目标与个人利益的密切关系，从而增强组织成员接受并执行组织目标的自觉性。

二是凝心聚力能有效地调动组织成员实现组织目标的积极性和创造性。调动组织成员的积极性和创造性，为实现组织目标而努力，是凝心聚力方法的出发点和落脚点。凝心聚力能使组织成员的潜能得到最大限度地调动和发挥，能充分激发组织成员实现组织目标的热情，从而有效地调动起组织成员实现组织目标的积极性、主动性和创造性。

三是凝心聚力能有效地构建良好的组织环境与和谐的工作氛围。组织环境和工作氛围如何，直接影响着组织成员的思想情感。

一般说来，人的情感可以分为积极肯定性情感和消极否定性情感。前者愉悦、自信、安宁，而且总是和满意的态度相联系；后者痛苦、自卑、忧伤，而且总是和不满意的态度相联系。

由二者的表现形式可以看出，积极肯定性情感，能对人的行为起有效的促进作用；而消极否定性情感，则会对人的行为起妨碍阻止作用。因此，领导者如果想使下属具有积极、向上的力量，就必须调动起下属的积极肯定情感。良好的组织环境与和谐的工作氛围有利于组织成员形成积极肯定性情感。而良好的组织环境与和谐的工作氛围是可以通过凝聚的方法来建构的。凝心聚力，能使组织成员之间的隔阂消除，利益协调，从而心往一处想，劲往一处使。

第三，在工作落实中运用凝心聚力的基本原则。凝心聚力，应该遵循以下几个基本原则。只有在这些基本原则之下实施凝心聚力，凝心聚力的方法才能真正发挥效用。

一是目标认可原则。凝心聚力，首先要使组织目标为组织成员所认可。组织目标是组织成员存在的基本条件。组织目标如果能为组织成员所认可，那么，它就能有效地起到凝聚的作用。组织成员就会在这个目标的作用下，齐心协力，团结奋斗。

二是价值共同原则。组织与组织成员共同的价值观，是凝心聚力得以实现的基础。组织的价值观如果能与组织成员的价值观趋同，组织成员就能对组织产生归属感，从而增强组织成员的凝聚力。

习近平总书记在十九大报告中要求“培育和践行社会主义核心价值观”，就是为了增强组织成员和全社会的凝聚力。他在十九大报告中强调：“社会主义核心价值观是当代中国精神的集中体现，凝结着全体人民共同的价值追求。要以培养担当民族复兴大任的时代新人为着眼点，强化教育引导、实践养成、制度保障，发挥社会主义核心价值观对国民教育、精神文明创建、精神文化产品创作生产传播的引领作用，把社会主义核心价值观融入社会发展各方面，转化为人们的情感认同和行为习惯。坚持全民行动、干部带头，从家庭做起，从娃娃抓起。”

三是利益一致原则。组织成员对组织具有依赖感。这主要是因为所在组织能满足自己的物质和精神需求。因此，领导者要想有效地实施凝心聚力，必须在坚持目标认可原则和价值共同原则的同时，坚持利益一致的原则，即代表组织成员的利益，尽可能满足组织成员的物质需求和精神需求。

习近平总书记在党的十九大报告中的这段话，让我们看到我党对这个问题的正确认知和践行。习近平总书记指出：“中国特色社会主义进入新时代，我国社会主要矛盾已经转化为人民日益增长的美好生活需要和不平衡不充分的发展之间的矛盾。我国稳定解决了十几亿人的温饱问题，总体上实现小康，不久将全面建成小康社会，人民美好生活需要日益广泛，不仅对物质文化生活提出了更高要求，而且在民主、法治、公平、正义、安全、环境等方面的要求日益增长。同时，我国社会生产力水平总体上显著提高，社会生产能力在很多方面进入世界前列，更加突出的问题是发展不平衡不充分，这已经成为满足人民日益增长的美好生活需要的主要制约因素。”[1]

“必须认识到，我国社会主要矛盾的变化是关系全局的历史性变化，对党和国家工作提出了许多新要求。我们要在继续推动发展的基础上，着力解决好发展不平衡不充分问题，大力提升发展质量和效益，更好满足人民在经济、政治、文化、社会、生态等方面日益增长的需要，更好推动人的全面发展、社会全面进步。”[2]

更好地满足了人民在经济、政治、文化、社会、生态等方面日益增长的需要，就会极大地调动人民群众工作的积极性、主动性和创造性，大家共同奋斗，来实现组织目标。

第四，凝心聚力在工作落实中的具体运用。在领导活动中，领导干部怎样运用凝心聚力的方法来落实工作任务呢？

一是规范凝聚。群体组织之所以得以形成、巩固并发展，一个重要的原因，就是它具有约束其成员的准则。这种准则就是组织规范。

所谓组织规范，就是每个组织的成员必须遵守该组织业已确立的思想、评价和行为的标准。

组织规范有正式规范和非正式规范之分。正式规范由正式文件明文规定，如法律、法规和规章制度等；非正式规范无明文规定，如风俗、习惯和群众舆论等。

1. 习近平：《决胜全面建成小康社会　夺取新时代中国特色社会主义伟大胜利——在中国共产党第十九次全国代表大会上的报告》（2017 年 10 月 18 日），人民网。
2. 习近平：《决胜全面建成小康社会　夺取新时代中国特色社会主义伟大胜利——在中国共产党第十九次全国代表大会上的报告》（2017 年 10 月 18 日），人民网。

无论哪一种规范，都有约束和指导组织成员效力的作用。没有组织规范，组织的活动就无法维系，组织就会如一盘散沙；而有了组织规范，组织成员的行为就有了方向性，就有了认知的标准。因此，组织规范是组织成员的行为保持一致的基本准则，也是凝心聚力的基本方法。

譬如，《中国共产党章程》就明确规定了共产党员必须履行的八项义务和应该享有的八项权利，《中国共产党纪律处分条例》则列出了负面清单。这就让共产党员知道那些事情应该做、能做，那些事情不能做，不能做的事情做了，就将受到党纪的处分。就落实执行工作来看，《中国共产党纪律处分条例》第十章第一百二十二条规定，有下列行为之一，造成严重不良影响，对直接责任者和领导责任者，情节较轻的，给予警告或者严重警告处分；情节较重的，给予撤销党内职务或者留党察看处分；情节严重的，给予开除党籍处分：

（一）贯彻党中央决策部署只表态不落实的；

（二）热衷于搞舆论造势、浮在表面的；

（三）单纯以会议贯彻会议、以文件落实文件，在实际工作中不见诸行动的；

（四）工作中有其他形式主义、官僚主义行为的。

这就是组织规范凝聚，通过组织规范，凝聚组织成员落实的力量。

二是目标凝聚。组织规范虽然是凝心聚力的有效方式，但是组织规范在对凝心聚力起着积极作用的同时，也有着消极的作用。因为组织规范既是一种约束行为，它对组织成员的行为就具有束缚的作用，从而使得组织成员的创造性不能得以充分地发挥。因此，领导干部在实施凝心聚力的落实方法时，应该在充分发挥组织规范积极作用的同时，运用目标凝聚的方式来使组织成员的心往一处想，劲往一处使。

所谓目标凝聚，就是通过确立科学明确的组织目标，来吸引组织成员，来引导组织成员齐心协力地为实现组织目标而奋斗。在为实现目标而共同奋斗的过程中，组织成员的思想感情、行为方式取得了一致，从而使得凝心聚力得以实现。

三是核心凝聚。所谓核心凝聚，就是领导干部通过自身的表率作用，成为组织的核心，从而起到吸引组织成员，形成内聚力的作用。

领导干部要成为组织的核心，必须道德品质高尚，知识素养丰厚，能力素质超强，讲究领导方法和领导艺术，这样，领导干部才能具有吸引力和凝聚力，赢得组织成员的爱戴和拥护，从而形成组织的核心力量，使组织具有很强的内聚力。

四是驱动凝聚。所谓驱动凝聚，就是运用驱动原理来使组织成员形成内聚力的方法。

研究组织驱动原理和方法的先驱柯特·卢因认为，组织行为的驱动存在于组织内部而不在外部。组织的驱动力是由组织与成员之间的相互影响构成的。就某一个组织成员来说，他的个体行为取决于他的内部条件和他所处的环境。

因此，领导干部要采用驱动凝聚的方式来增强组织的凝聚力，首先就应该注意营造良好的组织环境，并有意识地使组织成员之间能够有效协作，相互产生积极影响。同时，还要注意关注组织成员素质的提高。通过这些工作，使组织成员能够相互信任、相互依赖，增进交往，以共同的协作活动为满足，从而提高其凝聚力。

组织成员凝心聚力了，在工作任务面前，大家心往一处想，劲往一处使，任何工作任务都能有效地落实。

8. 自己的责任自己担，不把责任推给别人

早在 1978 年，邓小平同志就一针见血地指出："现在，各地的企业事业单位中，党和国家的各级机关中，一个很大的问题就是无人负责。名曰集体负责，实际上等于无人负责。一项工作布置之后，落实了没有，无人过问，结果好坏，谁也不管。所以急需建立严格的责任制。列宁说过：'借口集体领导而无人负责，是最危险的祸害'，'这种祸害无论如何要不顾一切地尽量迅速地予以根除'。"[1]

实事求是地讲，"这种祸害"现在不仅没有"根除"，还有愈演愈烈之势。

一些人是出名得利之事，争先恐后；而费力担责之事，争后恐先。

领导干部要是不愿出力，不愿意担当责任，他怎么能带领下属群众去完成落实工作任务呢？这其实也是一些地方和部门工作不能有效落实的一个重要原因。

1.《邓小平文选》第 2 卷，人民出版社 1994 年 10 月第 2 版，第 150—151 页。

因此，领导干部要落实或抓落实，必须在其位，谋其政，负其责。党的十八大以来，习近平总书记在系列重要讲话中多次强调："责任担当是领导干部必备的基本素质。"

第一，自己的责任自己承担，不把责任推卸给别人。在领导活动中，责、权、利这三者是统一的。在其位，就要谋其政；任其职，就要尽其责。自己的责任就应该自己担，即使这种责任重于天，也不能推卸。

晋文公时，有一位法官，名字叫李离。他因为审错了案，而杀了人。

于是，他就自己将自己判了死刑。案情报到了晋文公那里，晋文公对他说："官职有贵贱之分，刑罚有轻重之别，你可以把责任推给下属呀！"

李离回答说："我做法官时，未曾将官位让给下属，现在错判杀人，却推给下属，这是我所不齿的。"李离最后自杀身亡。

权力即意味着责任。李离深明此理。因此，当他因审错了案而杀了人时，他便主动承担起负罪的责任，最后用生命来殉自己的责任。

美国纽约前市长鲁道夫·朱利安尼曾经说过："所谓的领导，就是在享受特权的同时，承担起更大的责任。在风险或危机来临时，有勇气站出来，单独扛起压力。"

朱利安尼在"9·11"的表现，就是他这段话的最好实践。在灾难降临时，他毫不犹豫地扛起如山的压力，坚强理智地带领着纽约市民走过了那场前所未有的危机。

第二，有功劳从下属开始，有过错从自身开始。一位优秀的领导干部，在落实工作中，他是绝不会与下属争功的。而是有功劳从下属开始，把所取得的成绩归功于整个团队；有过错从自身开始，面对批评、谴责，能挺身而出，承担责任。请看艾森豪威尔的一段逸事：

1944年6月6日，盟军登陆诺曼底。面对被纳粹宣传为有去无回的“大西洋长城”，战前是凶吉难以预料。因此，当艾森豪威尔下达作战命令之后，他坐在桌子旁边，默默地写下了一张字条，并把它放在制服的口袋里，准备一旦登陆失败，拿出来发表。

字条是这样写的：“我们的登陆作战行动已经失败……所有士兵无论海、陆、空三军，无不英勇作战，鞠躬尽瘁，死而后已。假如行动中有任何错误或缺失，全是我一个人的责任。”

事过多年，艾森豪威尔在接受一位学者访问时，曾谈及此事。他说，记得在南北战争时，南军在盖茨堡一役被打败，领兵的李将军只怪罪自己，他写信给总统说：“军队没有错，我一个人负全责。”他为此深受启发。

艾森豪威尔是这样。他的爱将巴顿将军也是如此。巴顿将军说：“指挥官应该担负起失败的责任，不论责任在不在他；但假如事事顺利，则要将功劳归给别人，不论这些人是否有功劳。”在他看来，只有这样，才能获得部属支持，为你死心塌地地勇敢战斗。因此，每当别人赞扬他时，他总是说：“好像巴顿是个伟大的天才，事实上，他根本没什么可做。他只负责下达命令，创造出无与伦比的优异战绩的，是背后的参谋和前线的部队。”[1]

1. 蔡子强：《为将之道》，《海外星云》，2005年第21期。

我们再看胡耀邦同志。“我们不下油锅，谁下油锅？”这句话是胡耀邦同志讲的。胡耀邦为什么要讲这样一句话？他讲这句话是有背景的。

“文革”结束之后，当时的冤案堆积如山，社会矛盾非常尖锐。在1978年的中央工作会议上，叶剑英同志说：“林彪‘四人帮’他们利用篡夺来的权力，大搞法西斯专政，上整干部，下整群众，制造大量冤案、错案、假案，把许多老同志打倒，把大批干部和群众打成‘走资派’、‘反革命’，进行残酷迫害。”

1977年12月10日，胡耀邦同志被任命为中组部部长。面对这大量的冤案、错案、假案，胡耀邦同志遵照党的实事求是、有错必纠的原则，以勇于亮剑的胆略，率领组织部全体同志，开始了一场人类历史上最艰难的冤案、错案、假案平反工作。

平反工作的艰难，当今的人们难以想象。虽然“四人帮”被打倒了，但阻碍的势力依然存在。下面的片段记载就可以看出当时这项工作的艰辛。

1978年2月中组部决定召开省市区党委组织部长分批参加的座谈会。

胡耀邦与几位局长谈话后经过一番思考，决定由中组部调查组的高奇同志来主持这一系列的座谈会。

戴煌先生在他所著的《胡耀邦与平反冤假错案》一书中记载了下面的内容：

耀邦把高奇请到自己办公室，对他说：“你来具体操办‘疑难案例座谈会’怎么样？”

高奇说：“我还没主持过这样的会，中央又没有解决疑难案件的政策界限。”

“政策界限一时还没有，”耀邦说，“这得靠我们去讨论实践。我现在只能给你四个字：实事求是。你就按这个精神去掌握。”

高奇仍面有难色。他说：“您已知道我资历浅，而座谈会要研究的案例，许多都是省部级领导干部的问题，我……我……”

因为会期已临近，耀邦毕竟有些急。他快步走到高奇面前，指着他说：“你还记得《论语》中的这句话吗？‘见利思义，见危授命’。还有，李大钊同志有一句名言：‘铁肩担道义，妙手著文章。’你这也是见危授命，去担起我们党的道义。在目前形势下，我们不下油锅，谁下油锅？”

“再说，如果以后形势有了‘重大变化’，首先处分我，然后再处分你，怎么样？因为是我叫你干的！”

高奇被深深地感动了。他觉得，耀邦的这一言一行，都透现出一位真正共产党人的非凡胆略和勇气，对党对人民的极端负责精神，他应该学习。他霍地立起身，握着耀邦的手：“胡部长！您放心，我一定尽我最大的努力，按您的意见办好这件事！”

随后，第一次座谈会于 1978 年 2 月下旬在万寿路中组部招待所如期举行。[1]

通过上面的叙述，我们看到了胡耀邦同志勇于担当责任的胆略和气魄。“在目前形势下，我们不下油锅，谁下油锅？！”“再说，如果以后形势有了‘重大变化’，首先处分我，然后再处分你，怎么样？因为是我叫你干的！”

据新华月报社所编的《中华人民共和国大事记》，至1982年底，全国共平反纠正了约300万名干部的冤假错案，数以千万计的无辜受株连的干部和群众得到平反。

承担责任是需要勇气的。不管是李将军、艾森豪威尔、巴顿，还是胡耀邦同志，他们非凡的承担责任的勇气，是值得各级领导干部学习的。

1. 戴煌：《胡耀邦与平反冤假错案》，中国工人出版社，转引自凤凰网历史频道，2011年11月25日。

第三章 三分战略七分执行，任务面前没有借口

有人说：“三分战略，七分执行。”这句话有一定的道理。执行，是落实主体不可或缺的素质和能力要求。不找任何借口地完成任务，是具有执行力的表现。

有人说："三分战略，七分执行。"这句话有一定的道理。执行，是落实主体不可或缺的素质和能力要求。

巴顿在他所著的《我所知道的战争》一书中，曾经描述过这样一个细节。他说：

我要提拔人时，常常把所有的候选人召集到一起。我告诉他们，我要在仓库后面挖一条8英尺长，3英尺宽，6英寸深的战壕。

我就告诉他们那么多。我有一个带后窗户的仓库。候选人在检查工具时，我走进仓库，通过窗户观察他们。

我看到他们把工具放到地上。休息几分钟后，他们开始议论我为什么要他们挖这么浅的战壕。有的说，6英寸还不够当火炮掩体；有的说，这样的战壕太热。如果是军官，他们会抱怨我不该让他们干体力活。

最后，有个伙计对别人下命令："让我们把战壕挖好后离开这里吧，那个老畜生想用战壕干什么都没关系。"

最终，"那个伙计得到了提拔，我必须挑选不找任何借口地完成工作任务的人。"巴顿写道。

巴顿为什么要挑选不找任何借口地完成任务的人？因为没有任何借口，是具有执行力的表现。

1. 强化高度责任意识，任务面前不找借口

“天下兴亡，匹夫有责”，是明末清初著名思想家顾炎武的传世名言，这话用到组织和其成员的关系上，那就是：组织兴亡，成员有责。

任何组织成员，不管你在该组织中扮演着何种角色，你都必须有对组织负责的精神，要有“组织兴盛我兴盛，组织衰败我衰败，组织发展我发展，组织强大我强大”的思想意识。正如一位名人所讲的：“没有谁必须要成为富人或成为伟人，也没有谁必须要成为一个聪明人；但是，每一个人必须要做一个负责任的人。”

做一个负责任的人，才能保质保量、一丝不苟地落实工作任务。

做一个负责任的人，必须强化高度的责任意识，任务面前不找借口。

第一，要有“责任就在这里”的态度。哈里·杜鲁门担任美国总统时，在他的办公室门口，挂着一块牌子，上面写着：“责任就在这里。”如果我们每一个落实主体都有责任就在这里的态度，我们就能守土有责，把好各自的关口，把矛盾和问题解决在自己的手上，绝不推诿。

一级向一级负责，一级让一级放心。

西方著名的心理学家维克多·弗兰克尔（Victor Frankl）曾经说过："人生的终极意义在于承担责任，去寻找很多人生问题的答案，从而不断完成对每一个人设置的任务。"[1]

我记得在一本书里读到过这样一段话："如果你对下属的工作不满，请不要责怪下属，而是要先看看是否是自己用人不当或领导无方所造成；如果你觉得上司对你不够重视，请不要怪罪上司，而是要先从自己身上找原因，看看是否是自己能力不强或协调不当所导致；如果你不能完成组织交给你的工作任务，请不要抱怨工作太难做，而是要先检讨自己，看看是否是自己没有尽力。"这就是承担责任的表现。

第二，责任面前不找任何借口。有一次，时任海尔集团总裁的张瑞敏和副总裁杨绵绵等一行前往西安分公司视察工作。

海尔集团营销中心长驻西安的经理在咸阳机场大厅出口迎候张瑞敏、杨绵绵一行。

在驶往分公司的车上，杨绵绵提议：请西安营销经理做一回海尔产品在西安市场的"导游"，介绍营销情况。于是，经理用数据说明销售情况，当问到他另一敏感问题时，他却为自己找了个借口，想搪塞过去。

张瑞敏见此情形，立刻打断他的汇报说：我想给大家讲个故事——

1. 转引自杰拉尔德·W·福斯特：《责任制造结果》，陈小龙译，中信出版社，2003年12月版，第2页。

美国的西点军校是世界非常有名的军校，该校有个久远的规定，即在长官问话时，学生或者下级军官只能选择四种标准答案中的一种："报告长官，是！""报告长官，不是！""报告长官，我没有借口！""报告长官，我不知道！"如果选定其中任何一种，就要对此回答承担责任。除给出一种答案之外，别的话都不要说了……

讲完这个故事，大家都明白：向领导汇报工作，不能找借口。因为，认可任何一种借口，就意味着给了对手一个打败自己的机会。[1]

不仅向领导汇报工作不能找借口；在责任面前，也不能找任何借口。找借口，就意味着对工作不负责任，就意味着没有任何责任心。一个没有责任心的人，是不能完成落实好工作任务的。

人的能力固然有强弱之别，责任有大小之分，但忠于职守、尽职尽责，却是每个人都必须恪守的职业操守。

第三，将担当责任化为工作使命。古希腊神话中有这样一则故事：西西弗斯是天庭的一个小神，因为他在天庭犯了法，被天神罚到人世间受苦。

天神惩罚他的是：要推一块大石头上山。每一天，西西弗斯都费了很大的劲把那块石头推到山顶，然后回家休息。

可是，在他回家休息之后，石头又会自动地滚下来。就这样，周而复始。西西弗斯面临着"永无止境的失败"。

面对着这"永无止境的失败"，西西弗斯不肯认输。他的信念是，

1.《领导文萃》，2006年第7期。

推石头上山是我的责任。我要做的，就是要把石头推上山顶。这是我的使命。

后来，天神看惩罚不了西西弗斯，就赦免了他，把他召回了天庭。

一个具有责任担当意识的人，他会有着西西弗斯的信念：担当责任就是自己的工作使命。落实主体如何将担当化为工作使命？

一是用恭敬严肃的态度来对待自己的工作岗位，即敬业。敬业是做好本职工作的必要条件。敬业是一种对所从事的职业尽职尽责、一丝不苟的行为，是一种兢兢业业、埋头苦干、任劳任怨的强烈事业心和忘我精神。

敬业是担当职业责任的具体体现。在任何一种职业活动中，无论是谁都必然要与他人、与社会发生并保持着各种联系。由于这些联系，便形成了种种特定关系，又由这种种特定关系产生出诸多义务。凡与自己本职工作有关的义务就是职业义务。为保持并发展已形成的或将要建立的一系列联系、关系，就必须自觉地担负起对社会、对他人负有的使命、职责和任务。也就是说，必须自觉地履行应尽的职业责任，而敬业恰恰是落实主体承担职业责任的具体体现。

一个人如果承担了职业责任，他就会在热爱自己本职工作的基础上，无论处在什么样的工作环境中，都能保持乐观向上的心理状态，以饱满、激昂的斗志，善始善终地完成所承担的任务；他就会在从事职业工作的过程中，不计较个人的利害得失，埋头苦干，真心实干，精益求精，呕心沥血，殚精竭虑。如此一来，他的工作就会做得更加出色，做得更为成功。

二是以满腔的热忱来对待自己的工作岗位，即爱岗。任何职业才能都不是天生的，都是后天通过努力而得到的。热爱则是最好的老师。一个人只有真正热爱自己的工作岗位，才能主动、勤奋、自觉地学习本岗位工作所需要的各种知识、技能，才能花大气力去培养锻炼从事本岗位工作的本领，切实把本岗位的工作做好。

落实主体的岗位责任心，也是来自对本岗位工作的热爱的情感。只要是真正热爱自己从事的工作岗位，就能把智力、体力的劳动付出，看成是人生的一种乐趣而不仅仅是谋生的手段；就能满腔热情、朝气蓬勃地做好每一项属于自己的工作；就能在工作中焕发出极大的职业进取心，产生出源源不断的动力，全身心地、忘我地投入本岗位的工作，积极主动完成各项工作任务。那种抱着“干活吃饭，挣钱养家”的态度对待工作岗位的人，是不可能会有对本岗位工作那种热爱之情的，当然也谈不上持久的事业心和责任感的。热爱自己本岗位工作的人，在追求职业目标的过程中，当遇到挫折或失败，他们一定会以对事业炽热追求的精神，去克服困难，战胜险阻，摆脱困境，不懈奋斗。

2. 锲而不舍金石可镂，蓄之既久其成必速

《百喻经》记载过这样一则故事：有个人饿了，去一家小饭馆买了个烧饼。他吃完了这个烧饼，觉得不饱，就又买了一个。吃完了这个他还是没有饱，就又买了一个。

就这样，他一共买了六个烧饼，也还没有吃饱。当他买了第七个烧饼时，他吃了一半便饱了。

这个人很后悔，一边用手打自己的嘴巴，一边责怪自己："真笨，吃了这半块饼就饱了，前面的六个饼白花了钱，为什么不早买这半块饼？"

这是一个很有趣味的故事。它包含着深刻的哲学道理。这就是：任何事物的变化，都是从量变开始的。当量变达到一定程度时，必然引起事物的质变。事物在量变阶段呈相对静止状态。当量的积累达到一定限度时，才会发生质变。所以，量变是质变的前提，是质变的必要准备，而质变是量变的必然结果。

这一哲理在工作任务的落实中，也有具体的指导意义。它可以用

一句话来概括，这就是："蓄之既久，其成必速。"这就是说，落实主体在落实工作任务时，在目标正确的前提下，只要你坚持不懈地努力，总会取得成功。

坚持不懈，说起来容易，但要真正做到，则是不容易的。它要求落实主体必须具有坚强的工作意志。

意志，是指为了达到既定的目的而自觉地努力的一种心理状态。

第一，坚强的意志是人们攀登成功高峰的行路栏杆。一般说来，我们每个人都有完成落实工作任务的热忱，但却并非所有的人都有着坚强的意志。许多人做事情，常常因为缺乏坚强的意志而功亏一篑。

有位小伙子爱上了一位漂亮的姑娘。他壮着胆子给姑娘写了一封求爱信。几天后，他收到了姑娘的回信。这是一封奇怪的回信，信封内空无一物，只是在信皮上署有姑娘的名字。

小伙子继续给姑娘写信，姑娘继续寄来无字信函。一年之后，小伙子整整寄出了 99 封信，姑娘也回了 99 封信。小伙子拆开过前 98 封回信，全是空信封。对第 99 封回信，小伙子没有拆开它，因为他已经对这份爱情不再抱什么希望。他心灰意冷地将那第 99 封信放在一个精致的木匣中，从此也不再给姑娘写信。

两年后，小伙子跟另一位姑娘结婚了。结婚后的一天，新婚的妻子整理物品，无意间发现了木匣中的那封信。她很奇怪，拆开一看，只见里面有一张信纸，上面写着："我已做好了嫁衣，在你第 100 封信来的时候，我就做你的新娘。"

做事情如果没有坚强的意志，就可能功亏一篑。事实上任何成功都不可能一蹴而就，它需要持之以恒的努力。

第二，坚强的意志是人们战胜艰难困苦的动力源泉。落实主体在完成工作任务的过程中，虽然都希望一帆风顺，但客观事物的发展是不以人们的意志为转移的。不管我们是否愿意，我们在工作任务落实的过程中，常常会碰到一些不如意的事情，有时甚至是艰苦卓绝的，将我们陷入苦海之中。这就需要落实主体有坚强的意志来战胜困难。否则，落实主体就会成为困难的俘虏。

落实主体要落实组织交给的各项工作任务，必须具有坚强的意志。“意志是组织自己走向某一目标的能力。”美国著名思想家罗洛·梅的话道出了意志的作用。下面的故事证明了罗洛·梅观点的正确。

罗斯，是英国著名的医学家。他为了证实蚊子是传播疟疾病菌的媒介，和蚊子打了多年的交道。

1893 年的一天，罗斯在显微镜下已经观察了 8 个多小时的蚊子了。长时间的观察累得他眼睛发酸，视力模糊。可是，还剩两只蚊子没有观察。

是放弃呢，还是继续坚持观察下去？罗斯咬咬牙，决定继续观察。突然，他发现这两只蚊子身上有一种前所未见的细而圆的细胞，细胞中含有黑色物质组成的小颗粒，这小颗粒和疟疾寄生虫的色素完全一样。就这样，他终于找到了传播疟疾病的根源。

最后的成功，往往就在再坚持一下的努力之中。

由此可见，落实主体要完成工作任务，尤其是艰巨的工作任务，没有坚强的意志是不可能的。

第三，成功属于决不放弃的人。1948 年的一天，牛津大学邀请丘吉尔就“成功秘诀”做演讲。丘吉尔一露面，会场上就掌声雷动。丘吉尔用手势止住如雷的掌声后，说：“我成功的秘诀有三个：第一是，决不放弃；第二是，决不、决不放弃；第三是，决不、决不、决不放弃！我的演讲完了。”

事实证明，成功者都是不言放弃的人。欧立希 (1854.3.14—1915.8.20) 是德国著名的医学家，细菌学家，免疫学家，近代化学疗法的奠基人之一。他发明的治疗梅毒病的“六〇六”(砷矾纳明)，前后失败了 605 次。但他不灰心，不畏缩，继续试验，终于在 606 次获得了成功。

谁都希望事事成功，而且能够一蹴而就。但实际上，人不可能永远事事成功，也不能一蹴而就，失败是在所难免的。这就要求我们能有持之以恒的意志，不言放弃。欧立希如果缺乏这种意志、轻易放弃，“六〇六”就不会被发明创造出来。

“咬定青山不放松，立根原在破岩中。千磨万击还坚劲，任尔东西南北风。”这是郑板桥的一首诗。落实，必须要有锲而不舍，咬定青山不放松的劲头。山西右玉县的植树造林就是咬定青山不放松的成果。

山西省右玉县地处毛乌素沙漠的天然风口地带，是一片风沙成患、山川贫瘠的不毛之地。新中国成立之初，第一任县委书记带领全县人民开始治沙造林。

60 多年来，一张蓝图、一个目标，18 任县委书记和县委、县政府一班人，一任接着一任、一届接着一届，率领全县干部群众坚持不懈，用心血和汗水绿化了沙丘和荒山，现在树木成荫、生态良好，成为“全国造林绿化先进县”，先后获得了“国家4A级旅游景区”“中国魅力小城”“最值得向全世界推荐的旅游县”“联合国最佳宜居县”等荣誉称号。

3. 慎独自律约束自己，在隐微之处下功夫

所谓慎独，就是在无人监督的情况下，仍能坚持自己的道德信念，自我监督，自我约束，自觉地遵纪守法，自觉地按照一定的规范、准则和要求去做。

我国自古以来就有重视“慎独”的传统，认为它是一种重要的道德品质，是个人修养的重要途径和高尚的境界。

一般说来，在众人的眼皮子底下，在组织和领导的监督之下，每个人都较能注意自己的言行，注意自己的工作态度。但在“无人监督之处”，却容易放松自己的要求，甚至做一些为人所不齿的事。只“畏人知”，而不“畏己知”。

“慎独”，是一个人道德修养的崇高境界，是我们执行规章制度、落实工作任务所必须遵循的道德要求。我们每一位落实主体都必须朝着这个方向努力。

那么，落实主体怎样才能用“慎独自律”的方法来促进落实工作呢？

第一，慎独自律的关键，是要有高度的自觉性。“慎独”不是一

件容易的事，因为在“无人之态”时，你做了好事，没有人为你扬名；你做了坏事，也没有人批评你。这就需要你有高度的自觉性，时刻不忘用党纪国法、道德规范、规章制度来约束自己。真正做到表里如一，人前人后一样。

在清朝雍正年间，有位名叫叶存仁的官吏，先后在淮阳、浙江、安徽、河南等地做官。他当官三十多年，却两袖清风，从未收取过任何贿赂。

有一次，在他离任升迁时，僚属们派船送行，但船只却迟迟不启程。直到夜半时，人们才见一叶小舟划来。

原来，僚属们为他带来了馈赠礼品。为避人耳目，特意在深夜送来。他们以为叶存仁平日不收礼品，是怕他人知道出麻烦，而夜深人静之时，神不知鬼不觉，叶存仁一定会收下。

谁知，叶存仁见此情景，却挥笔赋诗一首，将礼物退了回去。诗云：“月白清风夜半时，扁舟相送故迟迟；感君相送还君赠，不畏人知畏己知。”

叶存仁为什么能两袖清风，就是他的严格“慎独”，“不畏人知畏己知”。

“慎独”要求落实主体在落实工作任务、执行规章制度的过程中，不管是否有他人监督，不管是否有外力推动，都能够按照要求和规则去做事情。

第二，坚持慎独自律，还要从“隐”处下功夫。大家一起工作时，如果你头脑中萌发了某些不正确的念头，一般来说比较容易在行动上进行自我克制和约束，即使在行动上做出了某些错事，也能很快被领导和群众发现，及时给予批评、纠正和引导。所以，人们在有人监督的情况下，坚持道德原则，遵纪守法，相对来说是比较容易的。

但是，在没有组织和他人监督，失去外力约束的情况下，落实主体要把任务落实好，工作做到位，就要实行严格的慎独自律。在这种情况下，要时刻想到党和人民的利益，时刻牢记制度、规则，时刻以高标准严格要求自己，坚持做到思想和表现一个样，说的和做的一个样，在人前和人后一个样，有人监督时和无人监督时一个样。产生了不正确念头要坚决地克服掉，一旦发现错误就要立即加以改正。

据《元史》记载，宋元之际，世道纷乱。一天，学者许衡外出。此时，天气炎热。行人口渴难耐。而路边正好有棵梨树，人们便纷纷上树摘梨。唯独许衡不为所动，只是坐在树下乘凉。

有人问他，你为什么不摘梨解渴？许衡说："不是自己的梨岂能乱摘？"人们笑他迂腐，说，世道这样乱，管它是谁的梨，解渴要紧。许衡摆手说："梨虽无主，而我心有主！"

许衡的"我心有主"，固守的就是自己的精神家园，就是能从"隐"处下功夫，进行自我克制和约束。

第三，坚持慎独自律，还要从"微"处下功夫。"慎独"与"慎微"是紧密联系在一起的。古人云："轻者重之端，小者大之源"。在现实工作中，一些落实主体不能有效的落实工作任务，不能落实党的方针、路线和政策，就是从小事上放纵自己开始的。

落实主体要慎微，就要注意自己行为中的每一个细小环节，"勿以善小而不为，勿以恶小而为之。"

郑培民同志之所以能成长为新时期党员领导干部的楷模，是与他长期自觉贯彻执行党章的规定、持之以恒地坚持慎独自律分不开的。

郑培民十分注意慎独，尤其注意做到廉洁自律。无论是在何时何地何种情况下，郑培民都能坚守自己一尘不染的思想阵地，都能自己管住自己，努力在那些看不见的事情上做到固本守节、清正廉明。

郑培民经常提醒自己：人要淡泊明志，清白做人；做人，职务越高，越要做一个真正的人；钱是身外之物，不能成为钱的俘虏，要做堂堂正正的人。

郑培民还非常注意在“微”处上下功夫，注意每一件细小的事情。如在中央党校学习时所存旅差费的活期利息 8 元多钱，他如数上缴；到党校讲课，他拒收讲课费；工作调离、女儿结婚、父母辞世时不搞吃请；对于老乡或老朋友的礼物，他都付款；他与一位双目失明的干部通电话，总是先等对方挂了电话，自己才放下电话；他因突发急性心肌梗塞赶往医院途中，还不忘叮嘱司机：“别闯红灯”等。这真是“积小节而成伟大”。

从某种意义上讲，正是由于郑培民做到了“慎微”，他才成为老百姓的知心朋友，他才保持了共产党人的真正本色。[1]

落实主体应该向郑培民同志学习，慎独慎初慎微，一时一刻也不放松自己，竭尽所能把工作任务完成好。

1. 覃正爱：《郑培民的党性修养方法》，《党建研究》，2004 年第 9 期。

4. 认真严谨绝不马虎，中规中矩一丝不苟

认真严谨，是指严肃对待所说的话、所做的事，不马虎。认真严谨是我们落实好各项政策和各项工作任务的前提条件。

毛泽东同志说，世界上怕就怕“认真”二字，共产党就最讲“认真”。

讲“认真”，我们在说话时，就不会信口开河，随便承诺，而是言必有据，实事求是，说了就算，承诺就兑现。

讲“认真”，我们在做事时，就不会敷衍了事，马马虎虎，而是谨慎严谨。

在德国曾经发生过这样一个故事：

一天，在德国的柏林，一位西装革履的外国男子在大街上走着。他随手将一个空瓶子丢进了路旁的 5 号废物箱中。

这时，一位警察走过来，彬彬有礼地对他说：“先生，您的瓶子投错了箱子，按规定应该罚 100 马克。”

这名男子乖乖地交了罚款。原来，5 号废物箱是专门回收废钉子的，瓶子应该放进另外的废物箱中。

认真是做好各项工作的基础，哪怕是丢弃垃圾都不能例外。丢弃垃圾时，也要看一看，是否投错了箱子。唯有如此，我们的各项政策、各项工作人物才能井然有序地完成落实。

因此，从这种意义上来讲，我们认为，认真严谨也是一种重要的落实方法。追求认真严谨，应该注意以下几点：

第一，端正工作态度。有些落实主体不能很好地落实工作责任，不是他没有能力落实，而是他的态度不端正。做一天和尚撞一天钟，对于组织布置的工作，从不认真去做，而是敷衍塞责，做一些表面文章来应付。

应付了事的工作态度对组织所造成的危害，从某种程度上说，绝不亚于拒绝执行。

如果员工拒绝执行，上级领导会重新安排其他人员来替换他的工作。但员工如果接受了任务而应付了事，则会使领导者遭受蒙蔽，并最终使工作任务不能有效地完成。

1485年，英国国王理查三世准备在波斯沃斯与里奇蒙德伯爵亨利带领的军队决一死战。

这是一场决定谁将统治英国的战役。

战斗进行的当天早上，理查三世命令他的马夫备好自己最喜欢的战马。

理查跨上战马，率领着他的士兵冲向了敌人的阵地。谁知，他还没有冲出一半，他身下的坐骑突然马失前蹄，跌倒在地。理查也随之而从马背上被掀了下来。

理查还没有来得及抓住缰绳，惊恐的战马就一跃而起，跳起来狂奔而去。

士兵们见理查跌翻在地，纷纷转身逃跑，亨利的军队包围了上来。

理查挥舞着宝剑，对着苍天大喊："马！一匹马！我的国家倾覆就因为这一匹马。"

战斗结束了，理查成了俘虏。

理查三世的坐骑为什么在激烈的战斗中马失前蹄？原来，是他的马夫在匆忙中少给马掌钉了一个铁钉。莎士比亚的名句："马，马，一马失社稷！"说的就是这件事。于是，便有了以下的说法：

少了一个铁钉，丢了一只马掌；

少了一只马掌，丢了一匹战马；

少了一匹战马，败了一场战役；

败了一场战役，失了一个国家。

一个国家的损失，就源于少了一个马掌钉。这真是"一招不慎，满盘皆输"。

各项政策和各项工作任务的落实也是如此。千里之堤可以毁于一穴，九仞之山可以功亏一篑。因此，必须避免这种因小失大的事情发生。这就要求落实主体在落实中要认真谨慎，绝不马虎。

第二，克服马虎的毛病。有的落实主体不能很好地落实上级决策和工作任务，并非是他不想去落实，而是他有马虎轻率的毛病。做事马马虎虎不认真，处理问题轻率大意不慎重。

马虎轻率的毛病是落实上级决策和工作任务的大忌。任何的马虎轻率，都会给我们的工作、我们的个人生涯带来不必要的损失。历史上曾经有过这样一个故事：

赵旭天资聪颖，文笔极佳，在京城的会考中名列第一。眼看就要成为状元郎了，赵旭高兴万分，亲朋好友也纷纷来向他表示祝贺。

谁料，宋仁宗皇帝却突然下了一道圣旨，取消了他当状元的资格。

原来，仁宗在审阅他的试卷时，发现他在文章中把“员”字上面的“口”字写成了“厶”。这使得仁宗大为不满，便把他给刷下来了。

赵旭得知详情，不服气。他为自己辩解说：“这两个字是可以通用的。”

仁宗驳斥道：“若是‘口’与‘厶’相通，在上边时，‘兄’与‘允’相通不？在下边时，‘吉’与‘去’相通不？在右边时，‘和’与‘私’相通不？在左边时，‘句’与‘勾’相通不？”

就这样，赵旭因为一个错字，竟把到手的状元丢掉了，断送了前程。

可见，做事必须认真，马虎万万要不得。赵旭写字不认真，马马虎虎，结果将到手的状元丢掉了。

这真是“一失手而成千古恨”。赵旭的教训是深刻的。

某网站，还登载过这样一段文字：

某大公司在举行招聘总经理助理考试。只见试卷上写着这样的题目：

综合测试题（限时 3 分钟）：

请把试卷认真读完；

请在试卷的左上角，写上你的姓名；

在你的姓名下面写上汉语拼音；

请写出 5 种动物和 3 种植物的名称；

……

14. 请写出 5 句歇后语；

许多考生匆匆扫了一眼试卷，就急忙开始答卷。时间一分一秒地过去，3 分钟到了，除了有两个人按规定的时间交了卷，其他的人都还没有做完。

考生们开始抱怨时间不够。面对考生的抱怨，考官微笑着对他们说："考卷不回收了，各位不妨把它拿回去做个纪念。有时间再认真看看，或许会对你们今后有所帮助。"说完，就礼貌地告辞了。

听了考官的话，考生们拿起试卷继续往下看，只见后面的题目是这样的：

19. 请写出 5 个"认真"的同义词；

20. 如果你已经看完了题目，请只做第 2 题。

这次招聘考试的试题真是别开生面。它不在于检验考生的知识结构，更在于检验考生的认真仔细态度。因为招聘单位知道，一个人即使才华横溢，但如果没有认真仔细的工作态度，也是做不好工作的。看来，认真的态度还真的值得我们"认真"。

第三，做事中规中矩。古人云："不以规矩，无以成方圆。"认真严谨，做事就得中规中矩，一丝不苟。我们看看德国人做事是怎样中规中矩，一丝不苟的。

德国人的认真严谨是世界闻名的。正是这种认真严谨，使得他们格外遵守各项规矩。尤其是在交通法规上，他们遵守起来更是一丝不苟。

在德国汉堡，中国驻汉堡的一位副总领事曾经经历过这样一件事：

那是他刚来汉堡时，一次，他在限速的公路上超速了几秒钟，为的是越过前面德国人开的一辆车去绕弯。

转弯后，他发现被超过的这辆德国人开的车在他后面紧追不舍，一直追了一个半小时。

到了领事馆下车后，他问这个德国人为何一直跟着他。这个德国人说，我追了你一个半小时，就是想问你一句话，你为什么要超速？

在我们有的人看来，这个德国人真是多管闲事。他超速自有警察管着，普通人何必操心？这也正是我们跟德国人的差距。

5. 严格执行纪律规范，铁的纪律保障落实

纪律是指要求人们遵守业已确定的秩序，执行命令和履行职责的一种行为规范，是用来约束人们行为的规章、制度和守则的总称。它是保证人们进行各种社会活动的必要手段。

英国著名文学家莎士比亚在其所著的《特洛伊罗斯与克瑞西达》中说："纪律是达到一切雄图的阶梯。"这句话说得非常有道理。

落实主体在落实上级决策、工作任务的过程中，要想实现最终的目标，把工作任务真正落实好，也必须运用纪律这个阶梯。

第一，纪律的权威来自执行。纪律一旦制定，就要严格执行。如果制定了纪律而不严格执行的话，纪律就是一纸空文。

春秋时期，吴王阖闾拨给军事家孙武 180 名宫女，命他布阵演武。

孙武将这 180 名宫女分为两队，选了两名吴王的宠姬做两队的队长。演练前，孙武宣布了演练的纪律。谁知，令鼓响后，宫女们却嬉笑不止。

孙武三令五申，仍不见效。见此情形，他不顾吴王阖闾的反对，

按军纪处决了两队的队长，宫女的队伍立刻整肃起来，布阵训练的任务顺利完成了。

古人云："不以规矩，无以成方圆。"英国著名思想家梅纽因说："纪律是达到某个目标的最经济的方式。"孙武的故事充分证明了这一点。孙武之所以能使宫女顺利完成布阵训练的任务，就在于他严格地执行了演练纪律。

世上没有卖后悔药的。如果说有的话，那就是纪律。"纪律是执行一切路线的保证"，也是保证工作任务落实的阶梯。

第二，自觉执行纪律。执行纪律，必须自觉。自觉是建立在一定的觉悟基础之上的。共产党人有严格的纪律，就是因为他们具有高度的共产主义觉悟，执行纪律成了自觉的行动。

毛泽民同志是毛泽东同志的弟弟，加入中国共产党后一生为革命理财，在担任闽赣省苏维埃财政部长时，执行财经纪律一丝不苟。

有一次，当时担任黎川县委书记的方志纯同志请省委几名来检查工作的领导同志吃了一碗米粉肉，多花了五六角钱，报账时毛泽民同志就严肃地指出，现在是战争时期，我们不能乱花一个铜板，领导干部更要带头艰苦奋斗。并且决定从方志纯同志的伙食费中扣除这笔请客多花的钱。

1934年，当毛泽民同志接到命令，奉调将回中央革命根据地之前，闽赣省委的几位领导同志想请他吃顿便饭饯行，毛泽民同志却十分坚决地说："不行，不能搞！"

由于他一丝不苟地模范执行党的财经纪律，带头艰苦奋斗，使得闽赣省的财经工作在极为困难的条件下搞得很活跃。

毛泽民同志这种严格遵守党的财经纪律，不乱花国家的“一个铜板”的精神是值得我们后人学习的。

第三，认真执行纪律。1950年春季的一天，我国第一任公安部部长罗瑞卿去火车站接外宾。当他赶到车站时，火车已经到了。随行的老姚来不及去买站台票，就对检票员说：“我们是公安部来的，来接客人。”检票员点点头，让罗瑞卿一行进了站。

在回来的路上，罗瑞卿忽然问老姚：“你进站时买站台票了吗？”“当时来不及啦！”“那么出站时为什么不补票？”“忘了。”

把客人送到招待所后，罗瑞卿便对老姚说：“现在你就到车站去，补交三张站台票。公安人员应当做守法的模范，不能有特权思想。中国人有句古话：‘不以恶小而为之，不以善小而不为。’要防微杜渐嘛！”

一张票虽然事小、钱少，但罗瑞卿却不因“事小、钱少”而疏忽大意。他知道“千里之堤，毁于蚁穴”；他知道在纪律面前，人人平等。因此，毫不客气地让随行的老姚补了票。这种认真遵守纪律的精神为后人树立了榜样。

第四，用纪律看守自己。《中国共产党纪律处分条例》强调：“党的纪律是党的各级组织和全体党员必须遵守的行为规则。党组织和党员必须牢固树立政治意识、大局意识、核心意识、看齐意识，自觉遵守党章，严格执行和维护党的纪律，自觉接受党的纪律约束，模范遵守国家法律法规。”

落实主体要有效地落实上级的决策和工作任务，必须用纪律看守自己。

“彻底的唯物主义者是无所畏惧的。”这是人们耳熟能详的一句话。这句话对于人们抵制歪风邪气，弘扬新风正气，无疑是一种强大的精神鼓舞力量。

然而，无所畏惧并不是说什么都可以不畏惧。落实主体要畏惧其所当畏惧。古人云：“凡善怕者，必身有所正，言有所规，行有所止，偶有逾矩，亦不出大格。”

严格遵守党的纪律，是对每一个党员、党员干部的基本要求。在党纪面前，全体党员人人平等；在国法面前，全体公民人人平等。不能因为自己官大权重，就可以将自己置于党纪国法之上，不受党纪国法的约束。

一些党员干部为什么落马，甚至走向不归路？就是因为他们对党纪国法没有畏惧之心。置党纪国法于不顾，凌驾于党纪国法之上。

事实证明，一个人如果置党纪国法于不顾，凌驾于党纪国法之上，践踏党纪国法，最终他一定会受到党纪国法的严惩。

例如，《中国共产党纪律处分条例》第46条规定，“妄议中央大政方针，破坏党的集中统一”属违纪行为。

为什么禁止妄议中央大政方针？中纪委法规室的一位领导同志回答了这个问题。他说，党中央在制定重大方针政策时，通过不同的渠道和方式，充分听取有关党组织和党员的意见建议，但有些人“当面不说、背后乱说”，“会上不说、会后乱说”，“台上不说、台下乱说”，实际上不仅扰乱了人们的思想，有的还造成了严重后果，破坏了党的集中统一，妨碍了中央方针政策的贯彻落实，也严重违反了民主集中制的原则。无疑，应当按《条例》第 46 条规定给予相应的处分。

据《中国纪检监察报》2015 年 12 月 18 日报道，东部某市公安局副局长、中共党员吴某，就因为妄议中央大政方针而受到党纪处分。

事情是这样的：一个周六的午后，在家休息的吴某闲来无事，便打开微信浏览朋友圈。其间，他看到一篇关于"一国两制"的文章，觉得"甚好"，便轻点手机屏幕进行分享，并罔顾"一国两制"政策出台的背景与实际，发表评论大肆抨击、公然否定。由于吴某社会关系广、朋友杂，其观点被广泛转发，造成恶劣影响。最终，吴某受到党纪处分。

习近平总书记 2015 年 1 月 13 日在十八届中央纪委五次全会上的讲话中强调："党的纪律是刚性约束，政治纪律更是全党在政治方向、政治立场、政治言论、政治行动方面必须遵守的刚性约束。"

6. 组织督查很有必要，自我管理更为重要

落实主体在落实的工作中，组织督查很有必要，但自我管理更为重要。所谓自我管理，是指落实主体对自己的工作兴趣、工作态度、工作心理等要素所进行的管理。

落实主体通过自我管理，可以增强责任感、使命感，以积极乐观的心态对待工作，并在工作中发挥其聪明才智，进而更好地完成所担负的工作任务。

第一，要有发现自己的能力。有人问古希腊犬儒学派创始人安提司泰尼：“你从哲学中获得了什么？”他回答说：“发现自己的能力。”

落实主体要提升执行、落实的能力，把工作任务落实好，首先也需要有发现自己的能力。然后用这种能力来认识自己，来进行自我评价。发现自己的优点和长处，找出自己存在的缺点和不足，对自己有一个客观清醒的认识。然后有针对性地进行自我校正，逐步提升、培养自身的落实能力。

第二，激发工作兴趣。工作兴趣是行为主体对本职工作所具有的

积极喜好情绪和心理倾向。工作兴趣是推动人们积极主动工作的内在驱动力量。孔子说："知之者不如好之者，好之者不如乐之者。"

有关专家研究证明，一个对本职工作有兴趣的员工，其工作积极性高。在工作中，他的全部才能能发挥80% - 90%；一个对本职工作缺乏兴趣的员工，其工作积极性低。在工作中，他的全部才能只能发挥20% - 30%。所以，比尔·盖茨说："在你最感兴趣的事物上，隐藏着你人生的秘密。"

落实主体要完成组织交给他的工作任务，必须培养自身的工作兴趣。有了这种兴趣，他就会积极地、主动地去工作。

培养自身的工作兴趣，不妨把工作当"游戏"来做。我说把工作当"游戏"来做，并非是让大家"游戏"工作，对工作不负责，将工作视同儿戏。而是说，要用小时候玩"游戏"的心态来做工作。

IBM公司创始人托马斯·约翰·沃森说过："如果你工作表现不佳，自然就会觉得工作乏味、无趣。每当此时，我就会告诫自己要像小时候玩游戏一样带着轻松、愉快而又专注的心态来积极地投入工作。"

小时候玩游戏是一种什么样的心态？托马斯·约翰·沃森说得很清楚，是一种"轻松、愉快而又专注的心态"。

为什么小时候玩游戏能轻松、愉快？因为高兴玩，自己喜欢玩，而且这种玩很单纯。

小时候玩游戏为什么能够"专注"？因为他是在玩自己喜欢玩的游戏。

如果你感到工作繁忙、工作劳累，不妨把当前的工作当作小时候玩的游戏来做，当成以后更伟大工作的一种游戏来做。这样你会做得很开心、很愉悦。

第三，端正工作态度。工作态度是行为主体对本职工作所持有的一种持久而一致的心理和行为倾向。

不同的工作态度,有着不同的工作效果,也决定着不同的人生命运。下面的故事告诉我们的也是这样的道理：

在一个建筑工地上，有三个工人正在工作。这时，有人走过来问他们在干什么。甲工人回答："我在砌砖头。"乙工人回答："我在盖房子。"丙工人则充满激情地说："我正在建造一座雄伟的教堂。"

三个人的回答显示了他们对工作的不同态度。甲工人显示出他是为工作而工作；乙工人显示出他是为生活而工作；丙工人则是为理想、为事业而工作。

不同的态度决定了三个人不同的命运。若干年后，甲、乙工人依然是一个普通的建筑工人，而丙工人则成了一位著名的建筑师。

一个人的工作态度直接决定了他对待工作是敷衍了事，做一天和尚撞一天钟，还是尽力尽心，兢兢业业；决定了他对待工作是安于现状，不求进取，还是努力创新，积极进取。

落实主体在进行自我管理时，如果发现自己的工作态度不端正，就要想办法端正工作态度。

第四，培养积极的工作心理。有积极的心理状态，才有积极的人生。有位秀才进京赶考，住在客店里。考试前，他做了三个梦，第一个梦是梦到自己在墙上种白菜；第二个梦是下雨天，他戴了斗笠还打伞；

第三个梦是梦到跟心爱的姑娘同床共寝，但却背对着背，谁也不理谁。

这三个梦似乎有些深意。第二天秀才赶紧去找算命的解梦。算命的一听，连拍大腿说："你还是回家吧！你想想，高墙上种菜不是白费劲吗？戴斗笠打雨伞不是多此一举吗？跟意中人躺在一张床上，却背靠背，不是没戏吗？"

秀才一听，心灰意冷，回店收拾包袱准备回家。店老板非常奇怪，问："不是明天才考试吗，今天你怎么就回乡了？"

秀才如此这般说了一番，店老板乐了，说："我也会解梦。我倒觉得，你一定要留下来。你想想，墙上种菜不是高种（中）吗？戴斗笠打伞不是说明你这次有备无患吗？跟意中人背靠背躺在床上，不是说明你翻身可得吗？"

秀才一听，觉得更有道理，于是精神振奋地参加考试，果然金榜题名。

培养积极的工作心态，需要有阳光思维。面对工作中的困难，不要被困难吓住，要往好的方面去想。

爱迪生曾经尝试用 1200 种不同的材料作白炽灯泡的灯丝，都没有成功。有人对他说"你已经失败了 1200 次了"。可是爱迪生不这么认为，他充满自信地说："我的成功就在于发现了 1200 种材料不适合做灯丝。"

这就是阳光思维。正是由于这种阳光思维，他继续努力试验，最终找到最适宜做灯泡的灯丝，获得了成功。

同样一件事情，不同的心态，就有不一样的感受；不同的感受，就有不一样的结果。比如，桌子上有半瓶酒，乐观主义者见到了，他会兴奋地喊："太好了，还有半瓶！"而悲观主义者则会郁闷地说："糟糕，怎么就剩下半瓶了。"

我们看，同样是"半瓶酒"，心态不同，感受不同，说出的话就不同。工作也是如此。工作同样繁忙，工作同样劳累，但不同的心态，有着不同的感受。

有的人每天抱怨工作太多，有做不完的事情，结果，心情郁闷；有的人则把工作当乐趣，心情愉悦地忙着一件又一件的工作，解决一个又一个的难题。

曾经有朋友问我："你是什么类型的人？"我告诉她："我是一个生活型的人。"于是，她就问我每天都做什么，当我把自己每天做的事情大致说了一下之后，她笑着对我说："你简直就是工作狂，还是什么生活型的人？"随后，她又说道："看来你是一个把工作当乐趣的人。"她说的不假，我就是一个把工作当乐趣的人。有人喜欢打麻将，有人喜欢玩牌，有人喜欢唱卡拉OK，有人喜欢跳舞，我喜欢工作。

当我站在讲台上讲课，当我坐在电脑前写作，我的心情是快乐的。正是这种快乐的心情，让我忙而不累，累而不烦。

7. 绝不欺人更不自欺，诚实为第一道防线

20 世纪最成功的企业家杰克·韦尔奇曾经说过这样一段话：“我们没有警察，没有监狱。我们必须以我们员工的诚实作为第一道防线。”[1]

诚实，就是坦诚真实，忠实于事物的本来面貌，不歪曲篡改事实，不隐瞒自己的真实思想，不掩饰自己的真实情感，不说假话，言行与内心思想一致。

第一，诚实是落实的要义。落实工作任务，离不开诚实。诚实，是落实的要义。

落实主体只有诚实，做事才能踏踏实实，认认真真；做事踏踏实实，认认真真，才能保质保量、一丝不苟地完成自身所承担的各项工作任务。

落实主体只有诚实，才能实事求是，求真务实。这也是诚实要求的关键点。

1. 甘华鸣主编：《赢——向杰克·韦尔奇学执行》，中国物资出版社，2005 年 8 月版。

实事求是，就是要搞清楚“事实”，不歪曲事实，不夸大、不缩小事实，一切以事实为基础和依据。

求真务实，就是一切从实际出发，想问题、办事情、做决策，都要把客观存在的实际事物作为根本出发点。

力求实事求是、求真务实，是诚实的基础和前提条件。

据《左传·襄公二十五年》记载，齐国的大臣崔杼杀了齐国的国君齐庄公，齐国的太史（负责写历史的官）据实写道：“崔杼杀了国君。”崔杼看了之后很生气，命令太史改掉。太史不改，崔杼就把他杀了。

太史的两个弟弟接替他做了史官，仍旧坚持这样写，崔杼又接连把他们也杀了。太史的最后一个弟弟又接任史官，还是不改。这时崔杼不敢再杀了。

这就是史官的“诚”。以实事求是、求真务实的态度来书写历史，记载事实。

第二，诚实必须存之于心。要做到诚实，首先必须要将它存于心，时刻恪守“诚实”二字，养成诚实的习惯。要记住毛泽东的这段话：“老实人，敢讲真话的人，归根到底，于人民事业有利，于自己也不吃亏。爱讲假话的人，一害人民，二害自己，总是吃亏。”

春秋时，有个越国人名叫虞孚。虞孚特想发财，就去向计然请教。计然教给他一套种漆树的技术。三年之后，漆树长成了，虞孚割了数百斛漆，准备拿到吴国去卖。

就要动身时，他的内兄来了。内兄告诉他，在吴国，漆的销路非常好，让他不妨用漆树叶煮点假漆，掺和着卖。虞孚言听计从。

虞乎来到吴国，果然有许多人要买漆。但人们一看虞孚的漆，都摇摇头走了。时间一天天过去，但虞孚的漆却没有人问津。最后，虞孚连吃饭的钱都没有了，只得沿街乞讨。

日本的山本有三曾经说过："说了谎就要得到愤怒，骗了人必遭到报复。"这话用在虞孚身上是再恰当不过了。他想欺骗别人，但最后搬起石头砸了自己的脚。

第三，诚实重在见之于行。法国著名文学家巴尔扎克在他所著的《乡村医生》中说："实际上，做一个诚实的人，存于心还不够，还得见诸行。社会仅仅靠道义的思想是生存不下去的，要生存，还需要符合于这种思想的行动。"诚实，重要的是行动。记得有这样一个故事：

有位落魄的中年男子，每隔两三天就要到教堂去祈祷。而且他的祷告词每次都差不多。

第一次到教堂时，他跪在圣坛前，诚恳地说："上帝呀，请您看在我多年敬畏您的份上，您让我中彩票大奖吧！"

几天后，他又来重复同样的话和动作，就这样反反复复一共祷告了二十多次。

这一天，他又来到了教堂："我的上帝，您怎么不倾听我的祈祷？就让我中一次吧，只要您满足了我的请求，我愿意终身敬奉您。"

就在这时，圣坛上传来了这样一个声音："我一直在倾听你的祷告。可是，最起码，你也该先去买一张彩票吧！"

仅有诚实的愿望是不够的，诚实必须付诸实践。不付诸实践，诚实只是空谈。

付诸实践，要求落实主体在工作中，犯了错误，要勇于承认错误，而不遮掩搪塞，推卸责任。勇于承认错误的人，才能担当起重要的责任。

付诸实践，要求落实主体在工作中，面对取得的成绩，不掠人之美。

8. 说话算数讲究信誉，固守信用确保落实

固守信用，就是说话算数，讲信誉，重信用，不逃避自己所应该承担的责任和义务。

守信是诚实的具体表现。不诚实就很难做到守信，不守信也很难说是真正的诚实。

但实事求是地讲，我们现在是一个信用迷失的时代：假货泛滥，骗子横行，浮夸成风。不仅一般百姓不讲信用，就连一些领导干部也不讲信用。“村骗乡，乡骗县，一级一级地往上骗，一直骗到国务院”。这段顺口溜不是文学笔法，而是一定程度上存在的社会现象。

这种社会现象的存在，对党的路线方针政策和工作任务的落实具有极大的危害。

不守信用，会使组织丧失凝聚力。如果组织成员在台上讲人话，在台下讲鬼话，阳奉阴违，“各吹各的号，各唱各的调”，就会使组织涣散，从而丧失凝聚力。

不守信用，会使组织丧失战斗力。古希腊思想家柏拉图曾经说过：

“虚假的言辞不仅是本人的罪过，而且还用有害的病菌感染了他人的灵魂。”一个组织如果假话成风，就会缺乏战斗力，从而影响工作任务的落实。

因此，落实，必须在组织内形成固守信用的风气，说话算数，承诺兑现。答应的事情就要办，而且要办好。上级布置下来的工作就要落实，而且要落实好。

第一，提升固守信用的基本素质。故守信用是做人最起码的道德品质，是为人处世最基本的行为规范，是各种职业道德的精髓。一个不固守信用的人，将无法获得他人的信任和尊重，将无法获得社会的支持和帮助，最终会被他人和社会所唾弃。一个真诚而讲信用的人，自然会受到他人和社会的尊重与青睐。

英国著名的小说家瓦尔特·司各特是一个固守信用的人，虽然他很贫穷，但是人们都很尊敬他。司各特为人正直，他的一个朋友看见他的生活很困难，就帮他办了一家出版印刷公司，可是他不善于经营，不久公司就倒闭破产了。这使原本就很贫穷的作家又背上了六万美元的债务包袱。

司各特的朋友们商量，要凑足够的钱帮助他还债。司各特拒绝了。他说：“不，凭我自己这双手我能还清债务。我可以失去任何东西，但唯一不能失去的就是信用。”

为了还清他的债务，他像拉板车的老黄牛一样努力工作，他的朋友们都非常佩服他的勇气，都说他是一个真正的男子汉，是一个正直高尚的人。

当时的很多家报纸都报道了他的企业倒闭的消息，有的文章中还充满了同情和遗憾。他把这些文章统统扔到火炉里，他在心里对自己说："瓦尔特·司各特不需要怜悯和同情，他有宝贵的信用和战胜生活的勇气。"

在那以后他更加努力地工作，学会了许多以前不会干的活，经常一天跑几个单位，变换不同的工作，人累得又黑又瘦。

有一次，他的一个债主看了司各特写的小说后，专程跑来对他说："司各特先生，我知道您很讲信用，但是您更是一个很有才华的作家，您应该把时间更多地花在写作上，因此我决定免除您的债务，您欠我的那一部分钱就不用还了。"

司各特说："非常感谢您，但是我不能接受您的帮助，我不能做没有信用的人。"

这件事之后，他在日记本里这样写道："我从来没有像现在这样睡得踏实和安稳。我的债主对我说，他觉得我是一个诚实可靠的人，他说可以免掉我的债务，但我不能接受。尽管我的前方是一条艰难而黑暗的路，但却使我感到光荣，为了保全我的信誉，我可能困苦而死，但我却死得光荣。"

由于繁重的劳动，司各特曾经病倒过。在病中，他经常对自己说："我欠别人的债还没还清呢，我一定要好起来，等我赚了钱，还了债，然后再光荣而安详地死。"

这种信念使司各特很快从病中康复了过来。两年后他靠自己的劳动还清了债务。

第二，营造一个固守信用的环境。固守信用，需要有一个良好的环境。在这个环境中，好人不必为了自保而说假话，小人说了假话不仅得不到好处，还会受到惩处。如何营造这种环境？

一是领导上要带头守信用。1962 年 2 月 2 日，周恩来总理在中共中央扩大的工作会议福建组会上的讲话中指出："要大家讲真话，首先要领导上喜欢听真话，反对说假话。"[1] 领导喜欢听真话，大家才能讲真话。

领导不仅要喜欢听真话，还要带头讲真话。毛泽东同志在《整顿党的作风》一文中说："只要我们党的作风完全正派了，全国人民就会跟我们学"。邓小平同志也曾经指出："党是整个社会的表率，党的各级领导同志又是全党的表率"；"领导干部，特别是高级干部以身作则非常重要。群众对干部总是要听其言、观其行的。"

贞观初年，有人上书唐太宗，请他斥退身边那些佞邪的臣子。唐太宗问上书者："我认为所任用的臣子，都是贤臣，你知道谁是佞邪的臣子吗？"

上书者回答说："我住在民间，的确不知道谁是佞臣。请陛下假装发怒来测试一下身边的大臣。如果有人不怕雷霆之怒，直言进谏，那就是正直的大臣；如果有人依顺陛下的心情，迎合陛下的旨意，那就是佞臣。"

唐太宗听了这话，对大臣封德彝说："流水是否清浊，关键在于

1.《周恩来选集》下卷，第 349 页，人民出版社，1984 年 11 月版。

源头。君主是执政的源头，臣民就好比流水。君主自行欺诈，就好似水源浑浊而欲使流水清澈，是没有这种道理的。我向来以为魏武帝曹操言行诡诈，很鄙视他的为人。若是我也这样做，我怎么能对百姓施行教化呢？”

随后，唐太宗又对上书人说：“我要使大信行于天下，不想用诈骗的方法来淳厚风俗。你的建议虽然出自好意，但我是不能采纳的。”

唐太宗的确是一位有见识的皇帝。他知道其身不正，焉能正人？因此，要想不被别人欺骗，就不要欺骗别人。

二是为固守信用提供制度机制。邓小平同志曾经讲过：“制度好可以使坏人无法任意横行，制度不好可以使好人无法充分做好事，甚至会走向反面。”套用邓小平同志的话说：好的制度可以让习惯于不守信用的人无法不守信用；不好的制度可以使不愿意不守信用的人不守信用。因此，我们要形成固守信用的风气，必须为人们固守信用提供制度机制。

17 世纪至 18 世纪时，英国运送犯人到澳大利亚，规定按上船时犯人的数量给付私营船主费用。因此，私营船主们为了牟取暴利，便不顾犯人的死活，将犯人像沙丁鱼一样塞满船舱。由于犯人人数过多，使得船舱内的环境极为恶劣，许多犯人在中途便命丧黄泉。更为恶劣的是，有的私营船主们有时刚一出海，就将犯人活活扔进海里。

针对这种现状，英国政府制定了一个新的制度机制。他们规定按照到达澳大利亚活着的犯人数量来支付费用。这样一来，私营船主绞尽脑汁、千方百计地让尽可能多的犯人活着到达目的地。

结果，后期运往澳大利亚的犯人的死亡率大幅降低，最低时只有1%，而原来最高时，可达94%。

运往澳大利亚犯人的死亡率高低，说明了法规制度是否完善的重要性。规定按上船时犯人的数量给付私营船主费用，死亡率可高达94%，说明法规制度不完善；规定按照到达澳大利亚活着的犯人数量来支付费用，死亡率最低时只有1%，说明法规制度的完善。

第三，见贤思齐，向固守信用的榜样学习。榜样的力量是无穷的。在固守信用方面，有许多榜样的力量。张凤毕一家就是如此。

1996年8月，一场交通事故让辽宁省营口大石桥市金屯村的张凤毕一家背上了13万元的债务。

为了还清债务，张家变卖了所有能变卖的家产，又向亲朋好友借了一些钱，终于在法院规定之日的前一天，将13万元钱交到了执行庭。

张家因此而变得一无所有。全家只好搬到了10年前承包的一块荒山上。山上没水没电，张家就过起了点着煤油灯，到山下挑水吃的生活；没有房子，张家老两口就用土和捡来的木板搭起了“新”家。

为了还清欠亲朋好友的钱款，张凤毕决定带领家人在荒山上种树，等树长大后还债。他一口气种了1000多棵树。山上没有水，他就每天往返三四十趟，下山拉水浇树。

张凤毕的故事经媒体报道后，感动了营口的市民。2004年4月10日，张凤毕家承包的80亩荒山上，人头攒动。

“1000多名市民、中小学生、机关企事业单位干部职工、公安交警，拿着铁锹、水桶，到这儿挖坑、担水、种树，民革辽宁省委员会专门为张凤毕家打了一眼 64 米深的井。

“张凤毕一家人忙得不亦乐乎，在人群当中走来走去，端茶、倒水、递毛巾。

“张凤毕说，这是我们家出事以后最快乐的一天。为弘扬张凤毕一家的诚信之举，人们在林子边立了一块碑，上刻三个遒劲的大字：‘诚信林’。”[1]

是什么力量把这 1000 多人聚集到张凤毕承包的荒山上？是固守信用的人格力量。

1. 毕玉才、刘勇：《心中，一片“诚信林”》，《光明日报》2011 年 7 月 15 日。

第四章 落实方法千种万种，制度机制重要一种

完善健康的落实制度机制，保证现有落实制度机制的有效运转，约束创立制度机制的人不践踏制度机制，是当前落实工作的重中之重。

在第二次世界大战中期，有这样一个故事：当时，降落伞的安全性能不稳定，经常出问题。降落伞制造厂家经过技术改造，使降落伞的合格率达到了99.9%。降落伞制造商很满意，但美国军方不满意。美国军方要求，降落伞的合格率必须达到100%。

降落伞制造厂家认为，达到99.9%已经相当优秀了，要达到100%几乎是不可能。没有一种产品的合格率能达到100%，除非出现奇迹。

后来，美国军方将检查产品质量的制度机制做了修改。他们决定从厂商前一周交货的降落伞中随机挑选出一个，让降落伞生产厂家的负责人亲自装备上，然后试跳。

这一检查产品质量的机制运行后，出现了奇迹。降落伞的合格率达到了100%。

我们看，修改后的产品质量检查制度机制，将不可能的事变成了可能。

因此，完善健康的落实制度机制，保证现有落实制度机制的有效运转，约束创立制度机制的人不践踏制度机制，是当前落实工作的重中之重。

1. 用正确价值观引导，统一思想同心协力

在组织内部管理中，最重要的就是组织价值观。所谓组织价值观，是指整个组织的成员对周围客观事物的是非、善恶、重要性的总评价和总看法。

组织价值观决定着组织成员的工作态度，决定着组织成员的目标追求，决定着组织成员的行为方向。它是同化组织成员思想、协调组织各部门行为的一种有效“磁场”。

要想有效落实，必须注重用组织价值观来引导组织成员的行为。这样，大家才能心往一处想，劲往一处使，使组织的工作真正落实到位。英特尔公司就是这种方法的成功实践者。

英特尔公司，是全球最大的半导体芯片制造商。他们的产品创新和市场份额，一直在全球居于领先地位。

英特尔公司成功的奥秘，从表面上看，是该公司不断地推出顾客需求的新产品，但实质上，是在于企业用正确的价值观念来引导员工的行为。因为产品靠技术支撑，技术则由人来掌握，而人则是靠价值

观念来支配的。

英特尔公司的价值观主要包括六项内容：客户至上、纪律严格、质量为本、冒险精神、良好的工作环境和注重结果。

在英特尔公司，每个员工的胸卡上都写有公司的六项价值观。在公司价值观的引导下，不同类型的“技术偏执狂”们，被“英特尔化”了，成了“英特尔人”。

事实证明，“价值导引方法”是落实或抓落实的有效方法。那么，我们在实践中如何运用这种方法呢？

第一，提炼组织价值观。价值观的提出，不是空洞的政治口号，也不是流行的话语，它必须是源于组织成员独特的价值追求和组织发展的战略思考。考察一些著名企业的价值观，无不是如此。

希尔顿酒店的价值观是“微笑服务、宾至如归”。这是基于他们“一流设备＋一流服务员的微笑”的价值追求，和“以微笑战胜竞争对手”的战略思考。

那么，怎样提炼组织的价值观呢？提炼组织的价值观，应该遵循以下的指导原则：

一是民主参与原则。组织价值观的提炼，不是某个领导者个人的行为，而应该是全体组织成员共同的思考。因此，提炼组织价值观，应该充分发动群众，走群众路线，让大家集思广益，对组织的价值观和价值体系，进行描述。

二是长远目标原则。组织价值观的提炼，既然是源于组织发展的战略思考，那么，它就必须真实地反映组织发展的长远目标，以促进组织长远目标的实现为原则，而不是短期的急就章。

三是简洁明快原则。对组织价值观的表述，应该简洁明快。简洁明快的表述，便于理解，便于记忆，从而有益于组织成员实践。

社会主义核心价值观的提出，就完全体现出这几个原则。党的十八大报告在强调建设社会主义核心价值体系的基础上，首次提出了“倡导富强、民主、文明、和谐，倡导自由、平等、公正、法治，倡导爱国、敬业、诚信、友善，积极培育社会主义核心价值观”。党的十八大之后，党中央又确定了以“富强、民主、文明、和谐、自由、平等、公正、法治、爱国、敬业、诚信、友善”这24个字为社会主义核心价值观的内容。

“富强、民主、文明、和谐”是从国家层面提出的国家主导价值观，在核心价值观中居于统领地位；“自由、平等、公正、法治”是针对社会层面提出的社会主流价值观，是核心价值观的重要支柱；“爱国、敬业、诚信、友善”是立足个人层面提出的公民个人的道德价值准则，是核心价值观的重要基础。

“富强、民主、文明、和谐、自由、平等、公正、法治、爱国、敬业、诚信、友善”，这24个字，简洁明快的表述，便于理解，便于记忆，也便于践行。

第二，推广组织价值观。价值观的推广，仅靠一般的宣传是不够的。它必须是强力灌输，强力渗透，而且还要有严格的制度作保障。

海尔集团对于新来的员工，首先就要进行价值观的培训，“什么是对的，什么是错的，什么该干，什么不该干”，这是每一个员工在工作中必须首先明确的内容。通过培训，达成价值观念上的共识。

美国通用电气公司韦尔奇在培训员工时，总是将价值标准抄在黑板上，并且说明这些标准对各级领导干部有什么重要的意义。

第三，实践组织价值观。组织价值观是一种理念，一种意识。提炼、推广它的目的，就是为了让它深入到每一位组织成员的心里，化为每一位组织成员的内驱力。因此，实践组织价值观是关键。

希尔顿酒店的老板经常问员工："你今天对客人微笑了没有？"

英特尔科技(中国)有限公司李敏达总经理说："最重要的是我们的6个价值观已经深入员工内心。"

英特尔公司做事看结果，而且有了结果，他们还要看是否符合公司的价值观。

美国通用电气公司也是如此。在一次演讲报告会上，有听众问韦尔奇："如何区别对待员工？"

韦尔奇说："我们将员工划分为四等，第一等是达到公司的绩效标准且符合公司的价值观，升级；第二等是绩效既未达标又不符合公司的价值观，走人；第三等是绩效虽未达标但符合公司的价值观，仍给机会；第四等是绩效达标但不符合公司的价值观，有多远走多远。"

由此可见，在美国通用电气公司，公司的价值观是评价员工工作的一个重要的标准。

2. 近朱者赤近墨者黑，落实文化不可或缺

人们常说："近朱者赤，近墨者黑。"这话有一定的道理。虽然人的工作态度的形成，其主观能动性起着决定性的作用，但客观工作环境也是一个非常重要的因素，以至于有"人是环境的产物"这样一种说法。

因此，培养组织成员的落实意识，推进工作的高效、出色落实，不能忽视客观工作环境的作用。

领导者应该通过营造良好的客观工作环境，构建良好的环境机制，去熏陶组织成员，让他们在有益的工作环境中提升自身的落实意识。

运用环境熏陶的方法，推进落实工作，应该注意以下几个方面的问题：

第一，改变环境。环境是可以改变的。如果发现本单位的工作环境不利于组织成员落实能力的提高，不利于工作任务的高效落实，领导者就应该注意设法改变这种环境。

单位里如果玩麻将成风，没有认真工作的氛围，领导者就要想方

设法将这种风气扭转，将这种不利于工作任务落实的环境改变。

单位里如果说假话成风，没有承诺兑现的氛围，领导者就应该下大力气将这种风气扭转，将这种不利于工作任务落实的环境改变。

第二，创造环境。领导者不仅要能采取有效的措施改变环境，还要能运用得当的方法去创造工作环境。

创造环境要紧紧抓住单位内部舆论工具的导向，如黑板报、宣传栏、报纸刊物、广播电视、网络等，都是营造单位内部工作环境的有效载体。

古人云："橘生淮南为橘，橘生淮北为枳"；"染于苍则苍，染于黄则黄"。

领导者应该对客观工作环境有深刻的认识，并在工作中，将良好工作环境的营造提到重要的位置，创造有利于组织成员提升落实意识的工作环境。

第三，环境内容。有利于组织成员提升落实意识的工作环境，主要包括以下几个方面的内容：

一是求实环境。求实，就是要实事求是。邓小平同志认为，毛泽东思想的精髓就是"实事求是"这四个字。他说："毛泽东同志所以伟大，能把中国革命引导到胜利，归根到底，就是靠这个。"[1]

落实，也必须靠实事求是。换句话讲，构建良好的工作环境，首先必须在组织内形成一种实事求是的风气与氛围。

"实事求是"是我们各级领导干部落实和抓好落实工作的一项最

1.《邓小平文选》第2卷，人民出版社1994年10月第2版，第126页。

基本的原则。

事实证明，凡是能够有效落实的单位和部门，都具有求实的工作氛围和环境。IBM 公司、海尔公司，等等，都是如此。

台湾塑胶企业集团总裁王永庆就曾说过：“我认为 IBM 成功的根本原因，不在它从事电脑科技行业，而在于它一向都能脚踏实地，从基础的地方着手，并且追根究底，探求出事物的道理之后，确实加以履行。[1]”

二是诚信环境。落实或抓落实，必须在组织内营造一个说话算数、承诺兑现的氛围。

答应的事情就要办，而且要办好。上级布置下来的工作就要落实，而且要落实好。

三是执行环境。有人说：“三分战略，七分执行。”这话有一定的道理。强力执行，是不折不扣贯彻落实的重要一环。

好的思路靠行动，好的目标靠达成，好的制度靠遵守，好的战略靠实施。不管是行动、达成，还是遵守、实施，实质上就是执行。

在国外流行一种说法：决策时可以有 10 种声音，但在执行决策时，则必须只有一种声音。

但是，在我国的一些单位和部门，决策时，是只有一种声音，主要领导一人出题，一人讨论，一人拍板。但在执行决策时，却有 10 种声音。不是强调这困难，就是强调那困难，找各种理由不执行。

1. 朱兵：《第一流的管理》，中国发展出版社，1997 年 2 月第 1 版。

所以有人说，现在我们的一些单位和部门，是“思想者”太多，“执行者”太少。

落实，必须在组织内营造一个执行的氛围，培养令行禁止的意识。

1983年底，刚刚担任正定县委书记不久的习近平同志提议出台了《中共正定县委关于改进领导作风的几项规定》，提出要“反对官衙作风，注重工作实效”。随后，在县委工作会议上，他又明确提出，“一定要树立求实精神，抓实事，求实效，真刀真枪干一场。”

这就是为正定营造了执行的良好环境。他到福州工作时也是如此，而且他还以上率下。

1991年2月20日，在福州市委工作会议上，习近平第一次向全市干部明确提出，“要大力提倡‘马上就办’的工作精神，讲求工作时效，提高办事效率，使少讲空话、狠抓落实在全市进一步形成风气、形成习惯、形成规矩。”

市委工作会议后三天，在福州经济技术开发区召开的现场办公会上，习近平提出，“要抓住那些急需解决而又有能力解决的事进行研究，并且本着‘马上就办’的精神，组织实施。”

1991年2月28日，一份反映福州动物园现实困难的建议报告摆在了习近平的案头。

半年前，习近平曾对该园存在的经费缺乏，办公楼、动物圈舍亟待修缮，饲养人员待遇较低等问题作出批示，要求有关部门予以研究解决。

“这件事距市领导批示竟已过了半年，而依然故我，毫无改变。

连一个回音也没有。这与‘马上就办’的精神相去何远，也不知这样的拖延该由谁来负责。俱往矣，从今天开始一周内办结……”

习近平这段措辞严厉的批示给时任福州市委秘书长林文斌留下了深刻的印象：“如果说之前还有些人认为，‘马上就办’就是新书记提出的一句口号，那么从这件事起，干部们就都得打起十二分的精神，狠抓落实，转变作风了。”

正是在这个批示中，习近平进一步要求：“把从前石沉大海的批办件清理一下，应锲而不舍地要查办结果。”

一面反复强调，一面狠抓落实。围绕“马上就办”这四个字，一系列重效率、务实干的政策措施不断推出：

——作出关于 1991 年继续为城乡人民兴办实事的决定，在全市明确提出 20 件百姓关心亟待解决的实事抓紧快办。

福州境内闽江中下游一带，曾生活着许多连家船民。他们世代以船为家，贫困、漂泊，被人歧视地叫作“曲蹄仔”……

1991 年 3 月 7 日，习近平登上了闽江边的一条“连家船”。弯腰钻进低矮的船舱，他走近灶台掀开锅盖，里面只有一点萝卜干。习近平良久不语。

登岸之后，习近平立即召开现场办公会，要求有关部门以强烈的责任心和紧迫感“马上就办”，迅速拿出实实在在的措施解决问题。

十个月后，104 户船民家庭结束了“上无片瓦、下无寸土”的生活，搬进了台江区红星新村的新居。

……

“要强化改革责任担当，看准了的事情，就要拿出政治勇气来，坚定不移干。”

2014 年 1 月 22 日，北京。中央全面深化改革领导小组召开第一次会议，习近平总书记的一字一句，铿锵有力，振聋发聩。

这是敢啃硬骨头的勇气，敢涉险滩的底气，敢打破藩篱的豪气。

二十多年前，习近平同样是以这种魄力与担当，推动着福州改革发展方方面面的工作。

建城逾 2200 年的福州，是国家历史文化名城。20 世纪 80 年代起，城市开发建设与文化遗产保护的冲突，时有发生。

“那时有不少人认为，文物保护是改革开放和经济发展的‘绊脚石’。”时任市文管会办公室主任郑国珍说，“但习书记顶住了压力，敢于向只顾眼前经济利益的观点说不，并提出保护人文环境与发展经济是领导者同等重要的责任。习书记认为，保护好传统街区，保护好文物，保护好名城，就是保存了城市的历史和文脉，就是延续了城市文化的‘魂’与‘根’。”

穿行榕城，习近平的坚持，二十多年间，大步迈向现代化都市的福州，高楼大厦和粉墙黛瓦，完美演绎出一曲“古今二重奏”。[1]

1.《秘书工作》采访组：《习近平同志在福州工作期间倡导践行“马上就办”纪实（节选）》，人民网－中国共产党新闻网，2015 年 3 月 11 日。

3. 制定周密完善计划，有条不紊完成工作

“事前定，则不困”。这句话出自《礼记》，意思是说，事前谋划好了，干起来就不会感到棘手。

写完这句话，笔者想起了巴顿将军的一段逸事，这段逸事与这句话有异曲同工之效。

有人请教巴顿将军：“你为什么能打胜仗？”他说是因为打仗前先有一个计划。那人又问他：“你为什么每次都能打胜仗？”他接下来说：“因为我每次有一个好的计划。”人家就请教他还有什么秘诀，他就说：“我有一个周密完善的计划。”

巴顿将军此言的确不虚。将军要想打胜仗，必须具有周密完善的作战计划。

决策目标的落实、工作任务的完成，也是如此。为在某段时间内完成预定目标或工作任务，任务承担者必须做出预想性部署和安排，并见之于文字，以保证工作的顺利有序进行，并为将来的工作检查和总结提供重要的依据。

在现代社会化大生产的条件下，生产技术复杂、劳动分工细密，部门之间、生产环节之间的协作十分紧密。如果没有周密的计划，彼此之间就不能相互协调，团队中的各项活动也就不能有条不紊地进行。所以古人云：“凡事预则立，不预则废。”

因此，无论是单位，还是个人，做事，尤其是做大事，必须有周密而切实可行的计划。只有预先做好了安排，有了打算，才能合理地安排人力、物力、财力和时间，使工作、活动有条不紊地进行，高效率地把事情办好，否则，就会遭致失败。

在“落实”工作中，周密计划的制定，应该注意以下几个环节：

第一，深入调查研究。制定计划前，一定要做周密的调查研究工作。毛泽东说:“没有调查,没有发言权。”习近平总书记则进一步强调:“调查研究是谋事之基、成事之道。没有调查，就没有发言权，更没有决策权。”套用他们的话讲，“没有调查研究，就没有制定计划的依据。”

调查研究是制定计划的基础。制定工作计划不能关在屋子里闭门造车，凭想当然制定。必须走出去，根据工作任务的要求，充分征求群众的意见，请群众献计献策，集中群众的智能，这样制定出来的计划才能符合客观实际，也才能充分调动和发挥群众的积极性和创造性。否则，计划只能成为无用的装潢。

调查研究包括调查和研究两个环节。调查，是通过各种途径方法，有计划、有目的地了解客观事物的真实情况。研究，是指对调查获得的材料，进行去粗取精、去伪存真、由此及彼、由表及里的探求客观事物本质和规律的活动。它们两者既有明显区别又有紧密的联系。调查是研究的前提和基础，研究是调查的发展和深化。

第二，注意吃透两头。所谓吃透两头，就是要吃透上头和下头。吃透上头，是指要认真领会上级的指示精神，以使计划符合党和国家的路线、方针、政策、法律、法令、法规，符合上级的规定、决定、指示和计划；吃透下头，是指要全面了解本单位的主客观条件，长短利弊，天时、地利、人和，等等，以使计划符合本单位的实际工作情况。

请看焦裕禄同志当年是怎样通过调查研究，为兰考制定出治三害计划的。

为了把兰考县1800平方公里土地上的自然情况摸透，县委先后抽调了120个干部、老农和技术员，组成一支三结合的“三害”调查队，在全县展开了大规模的追洪水、查风口、探流沙的调查研究工作。焦裕禄和县委其他领导干部，都参加了这次调查。那时候，焦裕禄正患着慢性的肝病，许多同志担心他在大风大雨中奔波，会加剧病情的恶化，劝他不要参加，但他毫不犹豫地拒绝了同志们的劝告，他说：“吃别人嚼过的馍没味道。”

每当风沙最大的时候，也就是他带头下去查风口、探流沙的时候，雨最大的时候，也就是他带头下去冒雨涉水、观看洪水流势和变化的时候。他经常不辞劳苦地跟着调查队，迫寻风沙和洪水的去向，从黄河故道开始，越过县界、省界，一直追到沙落尘埃，水入河道，方肯罢休。他站在洪水激流中，同志们为他张着伞，他画了一张又一张水的流向图。终于把大小风口、沙丘、河流，淤塞的河渠，阻水的路基……调查得清清楚楚。

焦裕禄到兰考一年多，全县149个大队，他已经跑了120多个。他听到许多贫下中农的要求和呼声，看到群众自力更生、奋发图强的革命精神。他在群众中学到了不少治沙、治水、治碱的办法，总结了不少可贵的经验。群众的智慧，使他受到极大的鼓舞，也更加坚定了他战胜灾害的信心。[1]

第三，目标高低适度。制定计划是为了达到某种预定目的，完成某项工作任务，实现某种计划指标。而目的的预订，任务的规定，指标的设置，都要既考虑它的先进性，又注意它的可行性。也就是说，要把开拓精神与务实精神结合起来。计划中所提出的目的、指标、任务，既尽力而为，又量力而行。这样，不仅能打开新局面，极大限度地调动群众的积极性、创造性，还会使计划建立在科学、实际的基础之上，为顺利实现计划作保障。而空中楼阁的目标是无法实现的。记得在一本古书中看到过这样一个故事：

有个生活贫困的人，一天，他偶然捡到一个鸡蛋，便高兴地对妻子说："我有家当了。"妻子问他："你的家当在哪儿？"他拿出鸡蛋说："这就是，不过得等十年，家当乃就。"

于是，他就向妻子详细地说起了他的计划："我拿这个鸡蛋，借邻居的母鸡孵化。等到小鸡孵出来后，我从中挑选一只小母鸡。小鸡一长大，她就会下鸡蛋，一个月就能得到十五只鸡。两年之后，鸡

1. 杨春贵主编：《中国共产党艰苦奋斗100例》，中央党校出版社2003年12月版。

又生鸡，可得三百只鸡。这些鸡可换来十两金子。我用这些金子能买五头牛，牛再生牛，三年可得二十五头牛。牛再生牛，三年可得一百五十头牛。这些牛能换回三百金子。拿这些金子放高利贷，三年就可得五百两金子。我用其三分之二买房子买地，用三分之一买仆人买小妾，剩下的钱就留着咱们俩享乐吧！”

妻子听说丈夫想买小妾，勃然大怒，拿过鸡蛋就把它给摔碎了。还一边摔一边说：“不要留下这个祸种！”

丈夫愤怒了，把妻子打了一顿，并告到官府，说：“败我家当的，就是这个坏女人，请县太爷做主把她杀了！”县太爷问明缘由，说：“这么大的家当，竟坏在这个恶女人的手里，真是可杀，马上让她下汤锅！”

妻子一听，号啕大哭说：“我的丈夫所说的大家当，都是没成的事，为什么要杀我？”县太爷说：“你丈夫所说买妾的事，也是没成的事，你为什么要妒忌？”妻子说：“是这样，我只是想早点铲除祸患。”县太爷笑着把她给放了。

这位丈夫所订立的“计划”，就是脱离实际的计划，说得严重些，他好像是患了“妄想症”，以至于闹上了公堂。

第四，内容具体明确。任何一个单位的工作计划都是要付诸实施的，并通过实施计划达到决策的预期目的。而要实施计划，就必须使计划中的目的、任务、措施、办法、阶段、步骤，以及分工的职责、奖惩的规定等内容都十分具体明确，因为空泛的、模糊的计划会影响实行的效果。

《无谬管理》一书中指出："对一件方案，宁可延误其计划之时间以确保日后执行之成功，切勿在毫无适切的轮廓之前即草率开始执行，而终于导致错失该方案之目标。"

时间管理专家认为，你用于计划的时间越长，你完成工作所需要的时间就越短。这两个时间存在着极大的相关性和互补性。

4. 榜样力量是无穷的，典型教育推动落实

所谓典型教育，就是通过宣传能够认真贯彻落实上级的战略部署，能够保质保量完成工作任务的典型人物的先进事迹，来引导教育组织成员，帮助他们提高对落实的正确认识，以推动工作任务的落实。

榜样的力量是无穷的。在社会生活中，每个人都有一种模仿榜样的强烈倾向。这种倾向源于人们的内在需要和社会从众心理。

各级组织在抓落实的工作中，利用人们的这种需要和心理，树立一批落实的典型，以引发组织成员的模仿心理，也不失为一种重要的方法。黑龙江省哈尔滨市南岗区党组织，就有效地实践了这种方法。

在开展保持共产党员先进性教育活动的过程中，南岗区党组织注意用躬身实践党的先进性的典型人物，来教育激励和引导广大党员，从而使党员们加深了对保持共产党员先进性重要性的认识，自觉地在工作中践行党的先进性。比如，他们选出了助人为乐的典型孟广斌。

年近 40 岁的孟广斌，在哈师大附近摆了一个修鞋摊。他以“不为自己求安乐，但愿学子都成才”为自己的座右铭，注册了“雷锋号”

的商标，义务为贫困大学生修鞋。几年来，他义务修鞋上万双。

他立志像雷锋一样为党的事业奉献一切，在抗洪等危急关头挺身而出，与部队官兵一道，奋战在抗洪第一线。同学们及周边的群众有困难，他总能够解囊相助，被人们亲切地称为雷锋式的好鞋匠。

南岗区党组织总结并推广了这位全市首位农民工党员修鞋匠孟广斌的事迹，号召广大青年党员学习他自强不息、助人为乐的精神。

孟广斌的先进事迹鼓舞教育了广大青年党员，他们纷纷表示，要以先进典型为榜样，在平凡的岗位上发挥先锋模范作用，躬身实践党的先进性。[1]

运用典型引路的方法来教育组织成员，提升其对落实的正确认识，促使其做好落实工作，需要注意以下几点：

第一，要善于及时发现“落实”的先进典型。“落实”的先进典型人物，都是在社会工作的实践中产生的。领导者要善于在社会工作的实践中，及时发现具有时代意义的典型人物。

这就要求领导者能深入群众，深入实践，广泛听取群众意见，这样才能及时发现广大组织成员认可的典型。

比如，焦裕禄同志，他在带领全县人民治理三害的过程中，就亲自树立了韩村、秦寨、赵垛楼、双杨树四个先进典型。他说：“榜样的力量是无穷的，我们应该把群众中这些可贵的东西，集中起来．再坚持下去，号召全县社队向他们学习。”

---

1. 蒋国华、薛婧：《榜样就在身边》，《黑龙江日报》2005 年 2 月 22 日。

第二，要实事求是地树立“落实”的先进典型。实事求是，是我们一切工作的基本原则，树立“落实”的先进典型更要坚持这一原则。树立典型，一定不能为了政治需要而随意拔高，将平凡的人塑造成神。如果这样做，会带来很大的弊端。

就被树立的“落实”的先进典型来说，非常容易产生自我膨胀心理，误以为自己的行为真的具有那样高的意义和价值，自己真的就是那样崇高、伟大，那样了不起，从而坠入自满自足、不求进取的误区。

就其他的组织成员来看，则非常容易产生逆反心理。人们佩服、尊崇的是真正的楷模，而不是人为拔高了的典型。对于名副其实的楷模，人们会引以为榜样，并以他的行为约束、指导自己的行为，奋起直追；而对于有名无实的样板，人们不仅不服气，还会心生厌恶、弃而远之。如此一来，岂不适得其反？

第三，要加强对“落实”先进典型的培养。要使“落实”先进典型真正树得起来，立得起来，“花红不凋”，其所在组织还必须注意加强对典型人物的教育和培养。教育他们再接再厉，更加严格地要求自己，防止骄傲自满和脱离群众，同时，还要注意有计划地加以培养，使他们的落实能力更为提高。

第四，要营造有利于向“落实”典型学习的环境。树立了先进的“落实”典型，只是典型引路的开始，更重要的是要形成有利于向“落实”典型人物学习的环境，使组织成员都能见贤思齐。而防止因嫉妒而产生贬低先进“落实”典型的现象发生，更要防止出现排挤、讽刺甚至打击“落实”典型人物的现象。

5. 要想提高落实效率，优化流程最为关键

战国时，齐威王与田忌赛马，两个人各出上、中、下等马三匹。比赛时，上等马对上等马，中等马对中等马，下等马对下等马。由于齐威王的马无论哪一等都比田忌的马强，结果，田忌三战三败。

田忌的好友、著名的谋略家孙膑知道这件事之后，便给田忌出了个主意。田忌觉得这个主意不错，就请求齐威王再赛一次。

比赛开始了。这次田忌依照孙膑的计谋，以下等马对齐威王的上等马，以上等马对齐威王的中等马，以中等马对齐威王的下等马。结果，两胜一负，田忌胜了。

通过这则故事，我们可以看到，做事一定要注意优化流程，才能取胜。落实也是如此。

流程，是指为实现一定的工作目的，而需要采取的一系列步骤和动作。

事实证明，一些单位和部门，有些工作任务不能高效地落实，很大程度是落实的流程不合理造成的。因此，要从根本上解决落实的问题，

还需要优化落实流程。

优化落实流程，简单说来，就是分析判断落实流程存在着哪些问题，看看哪些环节需要删除，哪些环节需要整合，哪些环节需要扩展，哪些环节需要调整，以使信息、资源得到最有效的利用，使人力、物力得到最合理的使用，从而使组织构成的各要素更好地适应工作目的，为各项工作任务的落实提供重要保障。

杰克·韦尔奇之所以能把通用电气公司打造得无比辉煌，一个重要的原因，就是他非常注意工作流程的优化。

他要求他的员工为各项工作勾画出“流程图”，清楚地揭示每一个细微的次序和关系。

杰克·韦尔奇认为，这样做，不仅可以使员工对整个工作了然于心，还可以理清哪些环节是多余的，哪些环节是可以合并的，从而提高工作效率。

杰克·韦尔奇还是落实流程优化的优秀实践者。他在通用电气走马上任之初的 1980 年，通用电气公司由 64 个事业部组成，从上到下至少设有 5 个管理层次，即公司→区域部→事业部→事业分部→工厂。而各个管理层内部的组织系统，还有更多的管理层次。

有资料称，韦尔奇在接任总裁时，在通用电气公司的 40 万名职工中，25000 人有正式的“经理”头衔，其中 500 人是资深经理，拥有副总裁或更高职位的人是 130 位。

由于机构庞杂，层次繁多，公司的战略决策和战略目标很难快速地贯彻落实。

韦尔奇曾经描述说，我们让一个人来主持规划工作，他再请两位副总裁来协助他，副总裁又在其下面找规划经理。结果是各种计划表越来越厚，印刷越来越美观，图表越来越精致，计划书封皮也改用硬皮精装本，有关的会议人员也越来越多。一个 16 到 18 人的会议实在无法让任何一个人有充分的发言时间。

韦尔奇决定压缩管理层次，向森严的等级开战，消除事业单位与高级管理阶层之间的沟通障碍。

1984 年，韦尔奇将原来的 64 个事业部削减，组成了 38 个战略经营单位；1987 年又将这 38 个战略经营单位，合并成 14 个产业集团。

经过一系列的整合，通用电气公司的主要决策层由过去的五个层次减少到三个层次，即公司→产业集团→工厂。各个管理层内部的组织系统层次也大大地压缩。

全部削减过程韦尔奇用了整整 10 年的时间。他说，在那段时间里，我们削去了管理阶层的一层又一层，拆掉一个又一个分隔功能的“墙壁”，精减人员，开除了游手好闲到处聊天的人。[1]

就这样，原来那种高耸的宝塔形结构，变成了低平而坚实的金字塔结构，从而大大地提高了决策和落实决策的效率。

优化落实流程，需要重新审视组织的落实流程。重新审视组织的落实流程，有益于领导者对症下药去解决落实流程存在的问题，提升工作的效率。

1. 程刚：《杰克·韦尔奇领导艺术》，中国商业出版社，2002 年 1 月版，第 234—245 页。

重新审视组织的落实流程，关键是要分析判断落实流程存在着哪些问题。一般说来，组织的落实流程通常存在着以下几个主要的问题：

第一，瓶颈。所谓瓶颈，是指落实流程中工作任务出现的堆积点。由于这些堆积点的存在，影响了工作落实的速度，甚至使得工作难以落实。

识别判断瓶颈的方法并不难，就是看在落实流程中哪个环节会出现工作堆积现象，落实工作任务时到这一环节处是否需要等待。如果是的话，该处就是落实流程中的瓶颈。再造流程，就要想方设法消除这个瓶颈。

第二，短板。一只由长短不一的木板组成的木桶，其盛水量的多少，并不取决于那块最长的木板，而是取决于那块最短的木板。要使现有木桶多装水，就必须设法增加那块短木板的长度。这就是木桶理论。

落实流程也是如此。落实流程中如果出现了“短板”，即落实流程中最差的环节，就会影响整个工作的落实。可以说，“短板”是影响工作落实效果的最大瓶颈。

俗话说：“链条的最大强度取决于最薄弱的环节。”就落实流程的整体效率来讲，落实流程中工作效率最差的环节，决定着整个落实流程的效率。

第三，衔接。如果一项工作任务的完成，要在不同工作人员之间经过一次以上交接时，就会出现衔接问题。如果衔接不顺畅的话，就会浪费许多时间，这也是导致不能高效落实的一个非常重要的原因。

一次，我接到北京某区党校的授课邀请。临讲课的前一周，该校教务处的一位老师给我打电话，说讲课当天会有司机八点在党校家属区门口接我。到了讲课的那天早晨，我早早等在党校家属区门口。但一直等到 8 ：20 也不见接我的汽车的影子。我赶紧给邀我课的老师打电话，询问原因。电话接通了。她问我："刘教授，您到了吗？"我说："没到。还在党校家属区门口呢！""您怎么还在党校家属区门口啊？""这就是我电话您的原因。车没来。""怎么会这样啊，我一周前就把接您的派车单送出去了。您别急，我问问怎么回事。"过了一会儿，她给我回复了电话："不好意思，刘教授，车没派出去，您打车过来吧。"

我折腾了半天，终于打上了出租车。本来计划 9 点上课，结果，我将近十点才到。原来，这位教务处的老师在一周前给我电话时就给校办公室递交了派车单，但校办公室没有把这个派车单派给车队。

就这件事情来看，其流程是，教务部提交派车单的需求——校办公室批准使用并把派车单交给车队——车队派车接老师。

在这个落实流程中，尽管教务部提交派车单的效率很高，但由于校办公室的效率以及衔接问题，导致了没派出车的结果。

重新审视组织的落实流程，有助于帮助领导者决断是对落实的流程进行一般性的调整、改良，还是进行大刀阔斧的再造。

6. 干好干坏不能一样，绩效考核把关定向

我们这里所说的绩效考评，是指在落实工作任务的过程中，相关部门针对组织成员所承担的工作任务，对照工作目标或绩效标准，采用一定的考评方法，来考核评定组织成员的工作任务完成情况、工作职责的履行程度以及工作态度状况。

绩效考评能激励组织成员的工作积极性，从而有效地促进组织成员工作效率的提高，促进组织工作任务的有效落实。

运用业绩考评方法，来促进工作落实，应该注意以下几个关键环节：

第一，考评标准要有积极的价值取向。考评标准是一个组织的价值取向的外在表现。一个组织用什么样的标准来考评自己的员工，实质上就是鼓励、鞭策自己的员工朝着哪个方向努力，成为什么样的人。因此，必须制定有积极价值取向的考评标准，给员工以正确而健康的引导。

第二，考评目标要明确并且可以量化。不同的工作任务，有着不同的考评方法。但不论是何种考评方法，都应该切实可行，具有可操

作性。其关键是必须制定出一个明确可量化的考评目标。

“SMART 原则”，是领导者和管理者制定考评标准应该遵循的一个基本原则：

SMART 是英文“Specific、Measurable、Acceptable、Realistic、Timed”的缩写。

S — Specific 制定考评标准必须明确、具体，而不要模棱两可。

M — Measurable 制定考评标准必须具有可衡量性。否则，将无法判断这个目标是否实现。

A — Acceptable 制定的标准必须是能为任务承担者所能接受的。

R — Realistic 制定考评标准必须符合客观实际，可行、可操作，能够通过努力实现的。

T — Timed 制定考评目标必须具有时限要求。

第三，评价过程要按照一定的规则行事。建立了科学的考评标准，设置了明确的考评程序，选定了切实可行的评价方法之后，就必须一丝不苟地按照其规则行事，不能随意凭借其主观意愿而加以更改。

唐高宗时，有位名叫卢承庆的大臣，他专门负责对官员进行政绩考核。

一年，被考核的官员中有一名粮草督运官。他在一次运粮途中突遇风暴，粮食未能保全。

卢承庆便给这个运粮官以“监运损粮考中下”的鉴定。其人神色自若，无言而退；卢认为他有雅量，遂将评语改为“非力所及考中中”，其人仍然不喜不愧，卢又改称：“宠辱不惊考上上”。

卢公凭自己的观感和情绪，便将一名官员的鉴定评语从六等提为一等，真可谓随心所欲了。

这种杂之以个人爱憎好恶、感情用事的做法，是违背考核公正客观标准的，会使考核变成“有至公之言，无至公之实”的作秀。

构建科学的绩效考评机制，关键还要解决四个方面的问题：一是“由谁来考评”的问题；二是解决“考评什么”的问题；三是“怎样考评”的问题；四是“如何运用考评结果”的问题。山东省肥城市通过创新绩效考评机制，较好地解决了这些问题，从而激发了各级干部落实中央政令、上级决策和本地区、本部门（单位）工作的内驱力。他们的具体做法是：

一是确定绩效考评的考评主体。构建科学的绩效考评机制，首先要解决“由谁来考评”的问题。这是绩效考评体系中最为重要的部分之一。因为考评主体直接影响着绩效考评的客观、公平和公正。

以往的绩效考评，主要是上对下的考评，“官评官”“官议官”，考评主体单一，影响了绩效考评的效果。山东省肥城市打破了这一局限，确定了多元的考评主体。

他们将与考核对象有较强知情度和关联度的上级、同级、下级、基层干部群众等列入考评范围，切实落实群众的知情权、参与权、选择权和监督权。

二是制定绩效考评的评价标准。评估主体确定之后，还要解决“考评什么”的问题。这就需要制定科学的评价标准。制定科学的评价标准，要做到三个体现：

体现科学发展观的基本要求。科学发展观的基本要求，就是全面协调可持续发展。

体现政府职能转变的要求。政府职能转变的要求，就是要做法治的政府、高效的政府、阳光的政府、责任的政府和有限的政府。

体现实事求是的要求。实事求是的要求，就是不同单位部门、不同层次的考核对象的绩效指标设计要体现不同的特点。

针对这三个体现，山东省肥城市制定了不同部门的绩效考评标准，来强力推动各项任务目标的落实，全面促进经济和社会各项事业的健康发展。

三是创新绩效考评的方式方法。创新绩效考评的方式方法，是解决怎样考评的问题。山东省肥城市在绩效考评的方式方法上，进行了探索和实践。

目标考评法。所谓目标考评，就是以工作成果为依据来对各级干部的工作绩效做出评价。这种方法是这样运作的：

首先，根据预定的工作目标和工作责任制来制定各部门（单位）和个人的工作目标。

然后，将各部门（单位）和个人的工作绩效同预定的工作目标相比较，看看各部门（单位）和个人的工作绩效是达到了目标，还是有一定的距离；是超过了工作目标，还是有很大的差距。

量表考核法。所谓量表考核，就是通过设置标准化的分层级的指标等级量表，来对被考评人进行全面评价。这种方法是这样运作的：

首先，设计好考核量表。该考核量表由两大部分构成：一是用以规定考核内容的指标体系；二是用以表示各种指标相对重要程度的权数体系。

其次，按照预先设计好的量表来对被考评的部门、单位及个人进行全面的考评。

量化考核法。所谓“量化考核法”，就是将需要落实的内容量化为一定的分值对每个被考评对象进行考核记分的一种考核方法。这种方法是这样运作的：

首先，将需要落实的工作内容量化为分值；其次，用分值来综合考核落实主体的方方面面；最后通过比较得出结果。

百分考核法。所谓“百分考核法” 就是将需要落实的内容量化为一百分对每个考评对象进行考核记分的一种考核方法。这种方法是这样运作的：

首先，将需要落实的工作内容量化为100分的分值；其次，用一百分的分值来考评被考评对象。例如，山东省肥城市优化发展环境责任制考核，使用的就是这种考核办法。

四是正确运用绩效考评的结果。绩效考评的目的，并不是为了考评而考评。绩效考评的目的，是为了激发各级干部的工作动力。对于在工作中表现出色的干部，透过绩效考评，能够彰显其对组织的贡献度；而对于表现不佳的干部，透过绩效考评，也能及时发现问题，帮助他们进步。

时任肥城市委主要领导在市委全委会上明确指出：“要把落实速度的快慢、落实质量的好坏作为评价干部的基本标准，在落实中考察干部，在落实中检验干部，在落实中锻炼干部，用落实的成效衡量干部，凭落实的成果使用干部。”

因此，山东省肥城市把考评结果运用到了干部选拔任用、升降去留、监督管理的全过程。譬如，对领导班子，考核得分 80 分以下的，由组织部门与单位负责人谈话，指出存在问题和努力方向；60 分以下的，对单位主要负责人给予降职，其他班子成员进行免职。对领导干部，考核 80 分以下的，由组织部门进行谈话打招呼；70 分以下的，进行诫勉；60 分以下的，降职使用。

山东省肥城市通过创新绩效考评机制，有效地引导了政府及其工作人员树立正确导向、尽职尽责地做好各项工作。

激发了机关干部落实的动力。科学的绩效评估和考核使行政资源得到合理的配置和应用，打破了“干好干坏一个样”的局面，激发了机关干部工作的积极性和创造性，把绩效考评的过程逐步演变为自我诊断、自我发现、自我纠偏、自我提高的过程。

提高了政府机关的工作效能。将职能转变、依法行政和绩效管理结合起来，用绩效作为政策目标的取向，作为检查督促工作的标准，不仅约束了行政不作为、乱作为、暗作为，也对行政慢作为划定了“红线”。机关工作效率普遍提高，投资软环境进一步得到优化。

转变了政府部门的工作作风。通过指标考核，各部门工作有计划，落实有措施，主动下基层为群众排忧解难，深入查找工作中的薄弱环节和存在问题，分析原因，提出对策，认真整改，促进了绩效的不断提高。

7. 创新政策奖惩机制，奖优罚差促进落实

古时候，越王勾践想报被吴王俘虏之仇，让大夫文种严格训练士兵。这一天，勾践问文种："我想攻打吴国，士兵可用吗？"文种回答说："可用。我平常训练士兵时，奖赏丰厚，惩罚严厉，而且令出必行。大王如果您想了解情况，不妨试着焚烧宫室。"

于是，勾践就让人点燃了宫室，并下令："因救火而死者，比照阵亡抚恤；救火而不死者，比照杀敌奖赏；不救火者，比照降敌刑罚。"命令一出，士兵们踊跃救火，宫室的火很快就扑灭了。后来，越国就是凭借着这种气势，很快灭了吴国。

由此可知，落实，不仅需要考核，还需要根据考核的结果制定严格的政策奖惩机制。

严格的奖惩政策，是落实中央政令、上级决策与本地区、本部门（单位）工作任务的有效的手段。因为一个组织奖励什么行为就是鼓励组织成员多发生类似的行为；同样，一个组织惩罚什么行为，就是希望在组织成员中抑制甚至杜绝类似行为的发生。制定严格的政策奖惩机

制，要注意以下几点：

第一，奖惩导向要正确明确。某机关表彰了两位干部。对这两位干部许多人认为是不应该表彰的。因为他们无论是工作态度还是工作业绩都称不了上乘。

后来，人们经过分析得出了结论：和领导走近一点，比工作干得卖力点更为重要。于是，有的人就开始想方设法靠近领导，而不去想怎样做好工作。

由此可见，该机关表彰的导向出现了问题。作为组织成员不仅需要和领导相处好关系，更重要的是要把工作做好。

要保证中央政令、上级决策和本地区、本部门（单位）工作任务真正落实到位，组织在制定奖惩政策时，其奖惩导向必须是有利于工作落实的行为，而不是错误的行为。山东省肥城市的奖惩机制之所以能取得成效，首先在于导向正确明确。

第二，奖惩标准要细化量化。一个科学的政策奖惩机制，其奖惩标准的规定一定要尽可能地细化、量化，具有可操作性，以避免奖惩的主观性和随意性。

细化、量化的政策奖惩标准，有利于实施者操作执行。而就我们目前的一些单位的政策奖惩标准而言，许多标准是粗糙的，缺乏科学性，这无疑会给落实执行带来一定的难度。山东省肥城市的政策奖惩标准正因为细化、量化，所以才有利于实施者操作执行。

第三，奖惩程序要科学规范。科学的政策奖惩措施，其程序上也必须是科学的。这是政策奖惩措施严肃性的体现。但事实上，有些单位和部门，在实施奖惩措施时，随意性很大。因此，在制定政策奖惩机制时，其奖惩程序，一定要进行科学的规范。

第四，奖惩措施要及时兑现。美国有一家名为福克斯波罗的公司。这家公司专门生产精密仪器设备等高技术产品。

在创业初期，这家公司碰到了一个迟迟不能解决的技术难题。而这道难题如果不解决，公司就会生存不下去。公司总裁为此大伤脑筋。

一天晚上，正当公司总裁坐在办公室百思不得其解之时，一位科学家闯进了他的办公室，说是找到了一个解决的办法。

科学家的阐述让总裁豁然开朗。总裁喜出望外，想立即给科学家以嘉奖。可是，他在抽屉中找了半天，只找到了一根香蕉。他把这根香蕉作为奖品奖给了科学家。科学家很感动，因为他的成果得到了领导的肯定与赞赏。

从此之后，这家公司只要员工攻克了重大技术难题，都会得到公司授予的金制香蕉型别针。

“赏不逾时，欲民速得为善之利也；罚不迁时，欲民速睹为不善之害也”。及时兑现奖惩措施，能增强奖惩政策的严肃性。如果该奖励的不及时奖励，会影响落实主体落实的积极性；而该惩罚的不及时惩罚，则会助长落实主体的消极性。不仅如此，时过境迁，对未被奖惩的人员也起不到应有的教育和引导作用。

山东省肥城市为了有效地促进中央政令、上级决策和本地区、本部门（单位）工作任务的落实，对政策奖惩机制进行了创新。

一是健全完善奖惩制度，确保奖惩有章可依。政策奖惩机制是否完善，直接影响着奖惩机制的效果。山东省肥城市对此有着明确的认识。因此，他们下大力气，健全完善奖惩机制，以确保奖惩有章可循。

二是建立监督落实机制，确保奖惩落实到位。为保证政策奖惩措施落实到位，山东省肥城市还建立了上对下、下对上和内外结合的全方位监督落实机制。

发现在某一单项工作考核中有作假行为的，扣罚“保证金”，将该项集体奖金全部予以追回；发现有两项以上工作考核作弊的，将主要负责人已得的70%奖金全部予以追回。发现弄虚作假的，对党政主要负责人已被评为优秀等次的荣誉予以取消，并在全市通报批评。情节严重的给予纪律处分。

对在考核工作中弄虚作假的考核职能部门，视情节轻重追究主要负责人、相关责任人的责任，并在下年度的综合考核中，取消主要负责人和部门集体应得全部奖金及其评先树优资格。

三是建立科学奖惩程序，确保奖惩公平公正。要确保奖惩公平公正，其程序必须是科学的。山东省肥城市奖惩政策的实施，严格按照“职能部门统计提报、市考核办组织考核、向分工领导汇报、考核委研究确认、向社会公示结果、兑现奖惩”六步走的程序进行。

严格的政策奖惩机制，是保障工作落实的有效手段。通过奖惩，激励落实到位的人，惩处落实不力的人。山东省肥城市创新政策奖惩机制以来，取得了良好的成效。这些成效突出表现在以下几个方面。

一是干好干坏不再一个样。“干多干少一个样、干好干坏一个样、干与不干一个样”的不良习气，可以说是许多地方、许多单位普遍存在着的一个不良风气。

正因为“干多干少一个样、干好干坏一个样、干与不干一个样”，挫伤了落实者的积极性，助长了不落实者的消极性。

而山东省肥城市创新了政策奖励机制之后，则有效地解决了这个问题。“干多干少、干好干坏、干与不干”不再一个样。“干多、干好、干”，就会受到奖赏；“干少、干坏、不干”，就要被惩处。

二是奖励出了工作的动力。付出与回报对等，不仅能满足干部的心理需求，而且体现了工作的价值。

山东省肥城市对作出突出贡献的有功人员，进行大张旗鼓的表彰奖励，使其政治上有进步，精神上受鼓励，经济上得实惠，为机关干部抓落实、干工作注入了生机和活力。

三是惩罚出了工作的压力。对工作不力、任务完成差的，毫不留情地通报批评或组织调整，使其思想上受到鞭策，工作上感到压力，从而有效地避免了“无所谓”的想法。

8. 建立健全制度规范，制度面前人人平等

西方人讲："总统是靠不住的，唯一可靠的是制度。"邓小平同志曾经指出："制度好可以使坏人无法任意横行，制度不好可以使好人无法充分做好事，甚至会走向反面。"[1] 任何一项工作任务的落实，都必须提供相应的制度保障。

只有建立健全落实或抓落实的各项制度，使工作有规则遵守，使责任明确到位，落实或抓落实才能成为一种常态，才能取得可靠的落实效果。

第一，建立健全严格的规章制度。任何一项工作任务的落实，都必须提供相应的制度保障。

一是建立健全严格的目标责任制度。有个故事，很有意思：一个孩子得到一条新裤子。试了试，发现长了一点。

1. 邓小平：《党和国家领导制度的改革》，《邓小平文选》第 2 卷，人民出版社 1994 年 10 月第 2 版。

他请奶奶把裤子剪短一些。奶奶说：“今天的事太多，你去找你妈妈。”孩子去找妈妈，妈妈说：“手头有活正忙，等我忙过了再说。”没办法，他只好去找姐姐。没想到，姐姐有约会，马上就要走。

孩子带着失望的心情入睡了。因为他担心第二天没法穿这条裤子。

奶奶忙碌完家务事，想起了孙子的裤子，就把裤子剪短了一些；姐姐回来想起这事，也把裤子剪短了一点；妈妈腾出手后，又把裤子剪短了一点。

不用说，这裤子后来就根本没有办法穿了。不言而喻，共同负责等于无人负责。

在现实生活中，我们的许多工作都会出现“要么都不管，要么都来管”的尴尬局面。结果，影响了工作任务的落实。正如习近平同志所指出的：“有些地方、部门和单位存在工作推诿扯皮现象，与目标责任不明确、工作任务没细化有很大关系。要科学进行责任分解，把目标任务分解到部门、具体到项目、落实到岗位、量化到个人，以责任制促落实、以责任制保成效，形成一级抓一级、层层抓落实的工作局面。”

南京明城墙是我国保存比较完整的古城墙，也是世界上现存最大的古代砖城，这与它所用砖块的质量不无关系。据记载，该城墙所用砖块都是由长江中下游附近的150多个府(州)、县烧制的。砖的侧面刻着铭文，除时间、府县外还有4个人的名字，分别是监造官、烧窑匠、制砖人、提调官(运输官)。

砖上刻人名的用意，用现在的话来说，就是职责分明、责任到位。

参与人员的名字都刻在砖上，清清楚楚、一目了然，一旦出现问题，谁也赖不掉。无论监造官、提调官，还是烧窑匠、制砖人，哪个环节出了问题，一样要被追究责任。这就使得参与人员丝毫不敢懈怠，都尽职尽责地努力工作。最后交砖时，检验更为严格，由检验官指使两名士兵抱砖相击，如铿锵有声、清脆悦耳而不破碎，属于合格；如相击断裂，责令重新烧制。正因为责任如此明晰，才保证了城砖质量上乘，以至南京明城墙历经600多年的风雨，仍巍然屹立。[1]

这种把责任落实到具体人的做法，是很值得我们去学习的。

二是建立健全严格的监督制度。工作有布置，没有监督检查，就容易走过场。因此，必须建立严格的监督机制。

通过监督、检查，及时发现没有落实的问题，然后用监督、催促的手段，来推动落实，确保政令畅通。

制定严格的监督制度，必须把握以下两个原则：一是有的放矢。监督制度的制定必须具有针对性，针对具体需要落实的工作任务，需要落实的政策，需要执行的规章制度来制定相关的监督制度，以免隔靴搔痒。二是便于操作。监督制度要有效实施，必须便于操作。既有量化的标准，又有分明的奖惩条款。

三是建立健全严格的奖惩追究制度。监督，关键还在于如何处理监督的结果。处理监督的结果，重要的是要赏罚分明。因此，要建立健全严格的奖惩追究制度。

---

1. 杨宗华：《责任胜于能力》，石油工业出版社，2009年3月版，第86页。

对于落实好的，要总结经验，予以表扬、奖励；对于落实不好的，要查找原因，追究责任。正像山西省政协副主席吕日周所言：抓住不落实的事＋惩罚了不落实的人＝落实。

第二，制度面前，人人平等。有位叫罗斯恰尔斯的犹太人，在耶路撒冷开了一家名为“芬克斯”的酒吧。

一天，他接到一个电话，那人和他商量：“我有 10 个随从，他们将和我一起前往你的酒吧，你能谢绝其他的顾客吗？”罗斯恰尔斯毫不犹豫地说：“你们可以来，但要谢绝其他顾客，这不可能。”

打电话的不是别人，是美国前国务卿基辛格。他是在访问中东即将结束时，在别人的推荐下，欲造访“芬克斯”酒吧。

基辛格最后坦言告诉罗斯恰尔斯：“我是出访中东的美国国务卿。”但罗斯恰尔斯还是不买账，礼貌地说：“先生，您能来本店我深感荣幸，但是，因您的缘故而将其他人拒之门外，我是无论如何也办不到的。”基辛格听后，摔了手中的电话。

第二天傍晚，罗斯恰尔斯又接到了基辛格的电话，基辛格对他昨天的失礼表示道歉，说这次只带 3 个人，只订一桌，并且不必谢绝其他客人。

罗斯恰尔斯说：“非常感谢您，但是我还是无法满足您的要求。”

基辛格很感意外，问：“为什么？”“对不起，先生，明天是星期六，本店例休。”“可是，后天我就要回美国了，您能否破例一次呢？”

罗斯恰尔斯很诚恳地说：“不行，我是犹太人，您该知道，礼拜六是个神圣的日子，如果经营，那是对神的玷污。”

基辛格无言以对，他至今没能在中东享受这家小酒吧的服务。

看了这个故事，也许有人不信：这不可能。一个小酒吧的老板怎么能拒绝一个大国国务卿的要求。

不过，当你知道这家小酒吧被美国《新闻周刊》连续多年选入世界最佳酒吧前 15 名时，你就会相信了。而且，你还将为那个叫罗斯恰尔斯的酒店老板拒绝权贵的勇气和平等待人的人格而感动。

基辛格可能会遗憾，遗憾他至今没能在中东享受这家小酒吧的服务。但他也有收获，因为罗斯恰尔斯给他上了生动的一课：任何人都是平等的，都应该受到同样的尊重，而且在规则、制度面前，任何人都不能例外。

第三，遵守制度，重在自觉。西方有一个很流行的说法：在天堂里，人们住着英国的城堡，开着德国的汽车，有个中国厨师，娶个日本太太，享受着美国的民主，而这一切都是在瑞士人的管理之下。显而易见，瑞士人的管理在世界上是名声远播的。

为什么瑞士人的管理能名声远播，主要原因就在于他们能自觉地遵守规则、制度。龙永图曾经讲过这样一件事：

一次在瑞士，作为中国 WTO 首席谈判代表龙永图去一家公园上公厕。在公厕里，他听到隔间传出奇怪的声响。

出门后，一位女士焦急地问他看没看见进去多时的男孩。龙永图又返身进厕，打开隔壁的门，见一个七八岁的小男孩正满头大汗摆弄着马桶的抽水器。

龙永图问：“小朋友你在干啥？你妈妈在外面等你。”

小男孩答："这马桶抽不出水来，我不能就这样走了。"

龙永图震惊了：这是一种什么意识？既然公厕的抽水器坏了，这小男孩完全可以拍屁股一走了之。他却没有这么做。这就是一种社会责任感，从小培养出的一种遵守规则、制度的习惯。

这虽然是一件小事。但小事之中见精神，一种遵守规则、制度的精神。

这故事的确令龙永图难以忘怀，感慨万千。因为他的同胞、我们的国人还有许多人没有这种遵守制度、规则的意识。

在瑞士，规章制度很多，比如，晚上 10 点以后不能大声喧哗；星期天不能开割草机；垃圾要分门别类按规定的时间放在规定的地点。对于这些规则，每一个瑞士人都能自觉自愿地遵守。

不仅如此，对于那些不守规则的外国人，瑞士人还会自觉地担负起"居委会大妈"的职责，客气地劝告制止他们。

遵守规则，重在自觉。瑞士人给全球人做出了榜样。只有自觉地遵守制度、规则，制度、规则才能充分地发挥它的效力。瑞士人的管理之所以在世界上名声远播，实际上就在于他们能自觉地遵守各项制度、规则。

第五章 落实需要埋头苦干，但更需要创新巧干

落实工作任务需要埋头苦干、实干，但仅有苦干、实干是不够的，还要创新巧干。创新巧干，不是投机取巧，它是一种艺术，一种智慧，一种能力。

俄罗斯有句谚语：“巧干能捕雄狮，蛮干难捉蟋蟀。”这句话道出了一个真谛：做事情要讲究方式方法，巧干胜于蛮干。

落实工作任务需要埋头苦干、实干，但仅有苦干、实干是不够的，还要创新巧干。

创新巧干，不是投机取巧，它是一种艺术，一种智慧，一种能力。

飞跃集团总裁、世界缝纫机大王邱继宝，就是一个善于创新巧干的人。正是由于他的创新巧干，使他获得了辉煌的业绩。

1982年，邱继宝创办缝纫机厂的时候，只有300元创业资金。但经过他多年的创新巧干，他创办的飞跃集团已经发展成为一家拥有上万名员工，涉及装备制造、再生资源等产业，集科研、生产、进出口贸易为一体的大型外向型企业集团。

他是如何创新巧干的呢？邱继宝的话道出了真谛：“你说这个缝纫机有什么呢？不就是一点铁，一点铜吗？怎么能这么赚钱，因为它的芯片是我们自己开发的，我们卖得贵，这就是在卖技术的钱！”

原来，邱继宝的“巧干”，就“巧”在技术创新。他组织科技人员研制、开发出了技术含量高的“芯片”。从而使“飞跃”牌缝纫机，打败了美、日等发达国家的品牌，让全世界的同行都知道了“飞跃”。

1. 吃透上级指示精神，结合实际搞好落实

落实或抓工作落实，一定要吃透上级的精神，把握好本地的实际，找准“结合点”，上下有机结合，创造性地落实或抓落实。这也是落实或抓工作落实的一种重要的技巧。河南省新乡县刘庄村就是这种方法的真正实践者。

河南省新乡县刘庄村，是20世纪50年代树起来的先进典型。多年来，这面红旗始终不倒，而且在每一个历史时期都挺立潮头。其奥秘何在?

全国劳动模范、刘庄村的党委书记史来贺道出了其中的原委。他说：“俺刘庄也不是世外桃源，我们的办法是：遇事要有主心骨，不能听风就是雨。只有实事求是，从自己的情况出发，才能不走入歧途。”

史来贺的枕头边上常放有三样东西：一是书，二是收音机，三是笔记本。他认为，一个领导干部必须勤于学习、善于学习，勤于思考、善于思考，不能人云亦云。

书，是史来贺学习科技知识的，他因而成为全国知名的农业专家；

收音机，是史来贺收听中央和上级精神的，他前进的每一步都能准确把握时代脉搏；笔记本，是史来贺记录学习心得和思考感想的，刘庄的许多重大决策就是在他的学习和思考中形成的，从而使得刘庄在多个重要关头避免了大折腾。[1]

从刘庄党支部书记史来贺的身上，我们领悟到了“吃透上级指示精神，结合实际搞好落实”，即“上下结合法”的真谛所在。

第一，吃透上级的精神。吃透上级精神，必须注重学习。学习，是吃透上级精神的重要渠道。我党曾经对全体党员干部提出了要“在全党造成认真学习的风气”，党的十九大报告，要求领导干部增强“八大本领”，即增强学习本领，增强政治领导本领，增强改革创新本领，增强科学发展本领，增强依法执政本领，增强群众工作本领，增强狠抓落实本领，增强驾驭风险本领。

这“八大本领”，首要的本领，就是增强学习本领。为什么把增强学习本领列为“八大本领”之首？因为领导干部要做好领导工作，需要各种各样的条件，但“学习是做好工作的一个条件，而且是一个必不可少的条件”。[2]

落实也是一样。学习可以拓宽落实主体的视野，增强洞察力。视野开阔，方能看得高远。《庄子·秋水》云：“井蛙不可以语于海者，

1. 朱永涛：《时代精神的丰碑》，河南电视网，2005 年 7 月 15 日。
2. 徐建平：《陈云：学习是共产党员的责任》（一九三九年十二月），《学习时报》，2018 年 8 月 16 日。

拘于虚也；夏虫不可以语于冰者，笃于时也；曲士不可以语于道者，束于教也。”

这段话的意思是说，井里的蛤蟆你无法跟它谈海洋，因为它的眼界受到狭小的生活环境所局限；夏天生死的虫子你无法跟它说冰雪是什么样子，因为它的眼界受到气候时令的限制；而孤陋寡闻的人，你无法跟他谈论大道理，因为他的眼界受着所受教育的束缚。

那什么时候可以跟他们谈论大道理呢？《庄子·秋水》给出了答案：“尔出于崖，观于大海，乃知尔丑，尔将可与语大理矣。”

这就是说，当你走出狭隘的河岸，向大海观看，知道你的浅薄无知的时候，就可以跟你谈论大道理了。庄子这里是借秋水来说明视野的重要。

人的认识是受客观环境限制的。中国近代著名红顶商人胡雪岩(1823 年—1885 年) 有一段名言：“如果你有一乡的眼光，你可以做一乡的生意；如果你有一县的眼光，你可以做一县的生意；如果你有天下的眼光，你可能做天下的生意。”一个在县域工作的领导干部，如果他只有一个乡的眼光，他怎么能做好县域的工作？其他亦然。

如何开阔视野，增强洞察力？ 1939 年 2 月 28 日毛泽东同志就给出了答案。毛泽东同志在延安第十八集团军总兵站检查工作会议上说过：“有了学问，好比站在山上，可以看到很远很多东西；没有学问，如在暗沟里走路，摸索不着，那会苦煞人。”

这段话说得非常明确。要视野开阔，增强洞察力，就得有学问。学问如何来？答案是两个字：学习。习近平总书记一再强调，“领导干部加强学习，根本目的是增强工作本领、提高解决实际问题的水平。”

学习可以提升落实主体的本领，增强落实力。著名科学家牛顿说：“如果说我比别人看得更远些，那是因为我站在了巨人的肩上。”“站在了巨人的肩上”就是向巨人学习。

落实主体要做好落实工作，需要有各种各样的本领。这些本领如何获得？答案依然是两个字：学习。

“读书足以怡情，足以长才，读史使人明智，读诗使人聪慧，演算使人精密，哲理使人深刻，道德使人高尚，逻辑使人善辩。”培根的话是经验的总结。

习近平总书记在2013年3月1日中央党校80周年校庆的讲话中也说过：“学史可以看成败、鉴得失、知兴替；学诗可以情飞扬、志高昂、人灵秀；学伦理可以知廉耻、懂荣辱、辨是非。”

学习，对于担负着为中国人民谋幸福，为中华民族谋复兴使命的落实主体来说尤为重要。这也正如习近平总书记《在欧美同学会成立100周年庆祝大会上的讲话》中所说：“梦想从学习开始，事业从实践起步。当今世界，知识信息快速更新，学习稍有懈怠，就会落伍。有人说，每个人的世界都是一个圆，学习是半径，半径越大，拥有的世界就越广阔。”

第二，把握本地的实际。把握本地实际，必须深入调查研究。实际虽然是客观存在的事物，但并非所有的人都能正确地认识它。只有通过调查研究，我们才能达到正确认识它的目的。正如毛泽东同志所指出的：“你对于那个问题不能解决吗？那么，你就去调查那个问题的现状和它的历史吧！你完完全全调查明白了，你对那个问题就有解决的办法了。一切结论产生于调查情况的末尾，而不是在它的先头。只有蠢人，才是他一个人，或者邀集一堆人，不作调查，而只是冥思苦索地‘想办法’‘打主意’。须知这是一定不能想出什么好办法，打出什么好主意的。换一句话说，他一定要产生错办法和错主意。”[1]

毛泽东同志还强调：“一切实际工作者必须向下作调查。对于只懂得理论不懂得实际情况的人，这种调查工作尤有必要，否则他们就不能将理论和实际相联系。”[2]可见，调查研究是理论联系实际不可或缺的桥梁，是把握好本地实际的最好途径。

全国“乡镇党委书记的好榜样”——河南省卫辉市唐庄乡党委书记吴金印对此有着切身的体会。吴金印认为，领导干部只有深入一线，情况才能吃透，决策才能正确；只有和群众吃在一起、干在一起，指挥才灵便，心里才踏实。[3]

全国县委书记的榜样焦裕禄同志就是通过调查研究把握好本地实际，具体问题具体分析来落实好党的路线方针政策的。

1962年12月6日，焦裕禄同志到兰考担任县委书记。当时的兰考，正是遭受连续三年自然灾害最严重的一年。风沙打毁了21.4万亩麦子，秋天的涝灾又淹死了30多万亩庄稼，盐碱地碱死了10万亩青苗，全

1.《毛泽东选集》第1卷，人民出版社，1991年6月第2版，第110页。
2.《毛泽东选集》第3卷，人民出版社，1991年6月第2版，第791页。
3.朱永涛：《时代精神的丰碑》，河南电视网，2005年7月15日。

县的粮食产量仅有 5000 万斤，下降到历史的最低水平。全县 36 万人，受灾群众就有 193000 人。兰考是百废待兴。

为改变兰考面貌，他抽调 20 名干部、老农和技术员，组成一支三结合的“三害”调查队，在全县展开了大规模的追洪水、查风口、探流沙的调查研究工作，他带领大家跋涉 5000 多里，查清了全县大小风口 84 个，逐个进行了编号、绘图，为防灾抗灾积累了第一手资料。

根据这第一手资料，焦裕禄跟县委一班人马做出了治沙治三害放在第一位的正确决策，从而有效地落实了党的路线方针政策，落实了上级的指示要求，落实了工作责任。

第三，积极探索“自选动作”。中央的决策、上级的指示精神，具有宏观性，对下级有着普遍的指导意义，但是，下级的实际情况也有其特殊性。因此，落实，应该具体问题具体分析，要在完成好“规定动作”的基础上，根据本地区、本单位、本部门的实际情况，积极探索“自选动作”，即结合实际对上级的政策进行创造性的应用，创造性的落实。要做到“不离上级谱，唱好自己的戏”，而力戒上下一般粗，力戒采取教条主义的态度和方法。

积极探索“自选动作”，必须是在大局下的动作，是在政策规定范围内的动作。不能突破政策法规界限，搞上有政策、下有对策。

2. 工作任务复杂难办，目标分解解决难题

火箭飞向月球需要一定的速度。科学家经过精密的计算得出结论：火箭的自重至少要达到100万吨。而如此笨重的庞然大物是无论如何也没有办法飞向天空的。因此，在很长的一段时间里，科学界都一致认定：按这种重量，火箭是根本不可能被送上月球的。

后来，有人提出了“分级火箭”的思想，终于使问题获得了解决。

所谓“分级火箭”，就是将火箭分成若干级，让第一级火箭先燃烧，当第一级火箭燃尽了全部推进剂以后，就把它丢弃，随之点燃第二级火箭……这样，火箭的其他部分就能轻松地逼近月球了。

“分级火箭”的设计思想启示我们：在落实工作任务，尤其是落实复杂艰巨工作任务的过程中，落实者应该掌握目标分解法。掌握这种方法有益于工作任务的有效落实。

所谓目标分解法，就是把要落实的工作任务，要实现的工作目标，分解量化为一个一个容易实现的具体小目标，然后将其各个击破，最后达到总目标的实现。

这种方法实际上就是分阶段来处理解决问题。运用这种方法有助于减缓落实主体的心理压力，从而推动工作任务的有效完成。

日本长跑运动员山田本一曾经在1984年、1987年的国际马拉松邀请赛中两次夺魁。当记者问他凭什么取得如此出色成绩时，他的回答是："凭智慧战胜对手。"

对于他的这种回答，人们有些疑虑，认为山田本一似乎有些故弄玄虚或招摇夸张之嫌，因为谁都知道，马拉松比赛主要是运动员体力和耐力的较量，爆发力、速度的技巧都在其次，怎么能说靠智慧取胜呢？

后来，人们读了山田本一的自传，才对他所说的"凭智慧战胜对手"有所领悟，认识到这确实是他取得成功的经验之谈。

山田本一在自传中写道：

每次比赛之前，我都要乘车将比赛路线仔细勘察一遍，并把沿途比较醒目的标志画下来，比如第一个标志是一家银行，第二个标志是一棵大树，第三个标志是一座公寓…… 这样一直画到赛程终点。比赛开始后，我以百米冲刺的劲头向第一个目标冲去；到达第一个目标后，又以同样的速度向第二个目标冲去……40多公里路程，就这样被我分成若干个小目标而轻松地跑完。

起初，我并不是这样做的，而是把目标一下子定在终点的那面旗帜上，结果还没跑完几公里就觉得疲惫不堪，因为我被前面那段遥远的路程吓倒了。

运用目标分解法来实现决策目标，落实工作任务，要注意把握以下三点：

第一，目标要量化。量化，一是指数字具体化，也就是，如果某一个目标能用数字来描述，你一定要写出精确的数字；二是指形态指标化，也就是如果所确定的目标不能直接用某一个数字来描述，则必须进一步分解，将其表现形态全部用数字化指标来补充描述。

第二，目标要有时限。时间限制是指你所确定的目标，必须有一个明确的期限，可以具体到某年某月。没有时限的目标，不是一个有效的目标。你可能轻而易举地为自己找到拖延的借口，使目标实现之日变得遥遥无期。

党的十八大提出的到“2020年全面建成小康社会”的战略决策目标，就体现了这两点。

要全面建成小康社会，在经济发展上，“实现国内生产总值和城乡居民人均收入比2010年翻一番。”这是两个新指标：一个是经济总量指标，一个是人民生活指标。

2010年中国国内生产总值（GDP）为412119亿元，约合6.04万亿美元；2010年我国人均GDP是29992元，约合4736美元，那么，实现国内生产总值和城乡居民人均收入比2010年翻一番，人均GDP应该是人民币59984元，约合9472美元。这是明确而具体的目标。

有专家研究分析，按照我们现在的发展速度，“实现国内生产总值和城乡居民人均收入比2010年翻一番”，是完全可以实现的。

而且这一目标的实现，不是遥遥无期的，而是2020年，这就提出了具体的时间限制。

另外，这一目标的提出，也体现了适度性。“国内生产总值和城乡居民人均收入比 2010 年翻一番”，而不是跑步进入共产主义。

第三，要管理好目标。不少人也确立下了目标，但他并没有实现，这是为什么呢？主要原因是他们对目标缺乏有效的管理。

我们要想使自己的工作目标实现，就要对自己的工作目标进行有效的管理。

怎样管理？一是对自己的工作目标要了如指掌；二是时刻提醒自己去努力实现工作目标；三是经常检查自己。古人云，吾日三省吾身。一方面我们要检查自己是否实现了预期的工作目标，另一方面又要用工作目标不断地来激励自己。

要达到目标，就像上楼一样，不用梯子从 1 楼到 10 楼是绝对蹦不上去的，相反，蹦得越高，就会摔得越重，而必须是一步一个台阶地走上去。

3. 工作落实核心在人，高效激励值得注意

第二次世界大战中的风云人物巴顿，曾经有一句名言：“战争可能是靠武器来打的，但是赢得战争胜利则靠的是人。”他这里所说的“人”，就是指统帅手下的人。

的确，统帅是决策者，而真正“开枪打仗”的，则是士兵。没有士兵，统帅的决策是无法实现的。

组织管理也是如此。领导工作目标的实现，必须靠全体组织成员的共同努力，没有全体成员的共同努力，再好的决策都无济于事。

因此，落实或抓好落实，领导干部不仅要以身作则，还要充分调动组织成员的积极性，使他们能够最大限度地发挥其主观能动性，把各项工作落实到位。

如何调动组织成员的积极性呢？辛亥革命时期女革命家秋瑾曾经说过：“水激石则鸣，人激志则宏。”这话说得很有道理。箭不射不远，刀不磨不利，人不激不奋。激励是调动组织成员积极性的一种行之有效的方法。

激励，就是激发与鼓励。具体说来，就是："激发人的工作动机，挖掘人的身心潜能，鼓励人的工作干劲。"

美国哈佛大学的威廉·詹姆斯教授，曾经就员工激励问题进行过调查。结果发现：按时计酬的员工为保住饭碗，他们的能力只发挥 20% — 30%；可是给予他们充分的激励，他们的能力可以发挥到 80% — 90%。

如何对组织成员进行激励，调动他们的工作积极性，把各项工作落实到位呢？

激励不仅需要正确的理论指导，还需要有效的激励方法。有效的激励方法能充分地调动组织成员的积极性和主动性。实践证明，下面的激励方法都是非常有效的。

第一，物质激励。物质激励是领导激励的一种重要的方法。这种方法就是通过晋升工资，颁发奖金和礼品，以及其他的各种福利待遇，来调动下属的积极性、主动性和创造性。领导者运用物质激励应该注意以下三点要求：

其一，避免金钱至上。物质激励能有效地调动组织成员的工作积极性。但运用这种激励方法，一定要与精神激励相结合，以免使组织成员掉进金钱至上的陷阱。组织成员一旦掉进金钱至上的陷阱，物质激励的方法就会失去效用。

其二，物质激励必须与工作成绩紧密地结合在一起。一般说来，在实施物质激励时，只有当预期的报酬与个人现在的报酬相比差距较大时，物质激励才能成为动力。因此，实施物质激励必须与工作业绩紧密地联系在一起。这样，物质激励才能成为强有力的激励因素。

其三，物质激励必须有规可依，不能违反有关的规定，乱发薪酬、乱发物质奖励。

第二，目标激励。目标激励，是指用确定的、具有社会意义的、符合人们切身利益的、科学可行的目标，也就是通过奋斗能够获得的成就或结果，来激发下属的行为动机，使他们产生旺盛的奋斗精神。

人们的行动都是有着一定目的性的，这种目的性，为目标激励方法提供了可能性。

心理学家的实验研究表明，目的性行为的效率明显高于非目的性的行为。因为当人们明确了可能达到的目标，就会为达到目标而努力。比如，一个万米赛跑运动员，当人们告诉他还剩一千米，再加把劲，就可夺得金牌时，即使他身体某部位疼痛，他也会咬牙加快速度完成最后的冲刺。

第三，危机激励。目标激励是一种正面激励，领导者用光明的前途，远大的目标去鼓舞下属群众，调动他们的积极性。危机激励是一种反面激励。领导者用现实的困难、危机、忧患去唤起人心，使组织成员的凝聚力增强。领导者运用危机激励，关键要把握以下三点：

其一，把困难告诉下属。危机激励首先要把组织群体面临的困难如实地告诉下属，使他们知道自己所面临的处境，以便唤起他们的危机感，从而激发起战胜困难的斗志。把困难告诉下属应该注意“三要”：一要实事求是，不夸大，也不缩小。夸大困难会使下属泄气；缩小困难则难能引起下属的重视。二要讲清利害关系。应该告诉下属，现在的困难不仅会给组织群体带来不利的局面，也会给组织群体中的个人带来损失。三要选准时机。

其二，给下属指出光明的前景。毛泽东同志曾经说过，我们的同志在困难的时候，要看到成绩，要看到光明，要提高我们的勇气。领导者运用危机激励，仅仅把困难告诉下属是不够的，还必须在告诉困难的同时，为下属指出机遇所在，光明所在。

其三，要与下属同舟共济。危机激励是否成功，除了向下属说明真实的困难情况，更重要的还是领导者要与下属同舟共济，共渡难关。要让下属感到，在困难面前，领导者没有袖手旁观，而是勇于站在困难的前沿。三年困难时期，毛泽东等中央领导同志带头降低伙食标准，不吃肉，不吃水果。他们的行动，使全国人民深受感动，深受激励。

第四，逆反激励。人都有自尊心、自爱心、荣誉心，也有虚荣心和好胜心。逆反激励，就是有意识有目的地运用富有刺激性的语言，将工作对象的这种心理激活，使其改变原来的态度。这种方法俗称“激将法”。

我国著名排球女国手孙晋芳，少年时代在苏州业余体校练打排球。刚进体校时，还练得很有劲，但时间一长，便觉得天天练球单调无味，索性回家不练了。教练认为她是个好苗子，不练可惜，就多次登门做她的思想工作，但几次“顾茅庐”都没有效果。最后，教练采用了逆反自尊激励的方法，取得了成功。

教练对她说：“我看你就不是打排球的料，我也不再跟你费口舌了！”

孙晋芳听了这话，十分恼火："好啊，你说我不是打排球的料，我就非打给你看。"

在被刺激的逆反心理驱动下，孙晋芳返回了体校。回校后，她全身心投入到排球训练中，后来为我国排球获世界冠军立下了汗马功劳。

这位教练就是利用了孙晋芳的自尊心理，有意使用富有刺激性的语言，来刺痛她的自尊心，使其形成羞耻、痛苦、悲愤等情感体验，并因之而产生出坚定的信心、巨大的力量。

逆反激励是一种有效的激励方法，但是，这种方法也不能滥用。运用时，应该注意以下几点：

其一，要了解被激励对象的性格。逆反激励并不适用于任何人。一般说来，它多适用于那些性格刚烈，自尊心、荣誉心或者好胜心很强的人。这种人大多都喜欢别人看重自己，希望自己超过别人。因此，用带有刺激性的语言来激他，十有八九会成功。但如果被激励对象性格懦弱内向，做事谨小慎微、自卑感强，没有什么荣誉感，刺一千锥子也不出血，整个儿是一个麻木不仁者，逆反激励是没有用武之地的。因为富有刺激性的语言会被他们误认为是对他们的挖苦、嘲弄，并极有可能导致怨恨心理。

其二，要选准激励的时机。逆反激励不是在什么时候说都能取得好效果的。时机过早或过晚，都难见成效。因此，领导者运用逆反激励时，一定要选准时机，即选在被激励对象对问题有了一定的思考，但还没有下定决心行动时。在这种犹豫不决的时候，激励者如果能适时地撒下"催化剂"，就会很容易取得成功。

其三，要注意话语的分寸。并不是什么话语都可以激发起对方情感的。话语太刻薄，容易形成对抗心理；而话语柔弱无力，不痛不痒，则又难能让对方的情感产生波动。因此，领导者在使用逆反激励方法时，在用语上要把握分寸，注意言辞的“度”。既防止“过”，又避免不及。

第五，许诺激励。许诺激励，就是领导者通过许诺某件事，如职务的晋升，职称的评定，工资待遇的提高以及荣誉，记功等，来调动被激励者的积极性。运用许诺激励，应该注意以下几点要求：

其一，许诺要适度。适度，是许诺激励的关键。许诺过高，就会“失信于民”。假如一位领导说，小伙子，好好干，干好了能当总理。这是不能调动积极性的，因为目标无限大，而实现的可能性等于零，所以调动不了积极性。许诺过低，则形不成激励因素，许诺形同虚设。比如，一位领导说，大家好好干，干完之后免费供应空气。这也不能调动积极性，因为目标价值等于零。所以，领导者在许诺时，一定要掌握好许诺的度。就是要给他确定一个比较切近可行的目标。

其二，许诺要适宜。这里所说的适宜，是说许诺要符合不同人的需要。比如，对于一位没有权力欲望的人，领导者用授予权力的许诺是很难激励他的；而对于一个没有物质欲望的人，领导者用奖励财物的许诺激励也是难能奏效的。

其三，许诺要兑现。下属对领导的许诺总是非常认真的。领导者如果许诺了，一定要兑现，否则，不仅起不到激励下属的作用，还会使领导者丧失威望。

第六，榜样激励。榜样激励，包括两方面的含义：一是指通过树立先进典型来激励组织成员；二是领导者本身要做出榜样。

通过树立先进典型来激励组织成员，必须坚持实事求是的原则，不能为了政治需要而随意拔高，将平凡的人塑造成神。那种人为树立的榜样是无法起到激励作用的。

通过树立先进典型，能有效地激励组织成员，而领导者本身做出榜样，其激励的效果更好。

古人云："其身正，不令而行；其身不正，虽令不从。"这话的意思是说：做领导的，要是本身行为端正，即使不发布命令，下面的人也会去干；如果自身的行为不正派，即使发出了命令，人家也不会听你的。

事实的确如此，领导者如果作风正派，廉洁奉公，言行一致，秉公办事，严于律己，那么，他一定会博得下属的尊敬和信服，他下达的计划、指示，群众会以高昂的热情去努力工作。否则，就会失去号召力，群众的工作热情也就可想而知。难怪人们说："喊破嗓子，不如干出样子。"若是自己每日颓丧，又怎能激励起下属的工作热情？因此，领导者应该运用榜样的力量，来激励调动下属的工作积极性。要求别人做到的事，自己首先要做到；要求别人不做的事，自己首先不去做。

4. 工作任务需分轻重，要事优先举重若轻

现在职场上的人，是真忙、真累。因为问题层出不穷，任务接连不断。怎样才能既解决了问题，完成了任务，又不至于忙得一塌糊涂，累得筋疲力尽呢？

采取要事优先的方法，是解决好这一问题的关键所在。不要想把整个海洋煮沸，做事情要分轻重。这也是促进高效落实的一个重要方法。

第一，审视自身做事的习惯次序。采取要事优先的方法，首先要审视一下自身做事情的习惯次序。

一般说来，人们做事情，常常习惯于按照下面的准则来决定哪件事情在先，哪件事情在后。

A．先做喜欢做的事，再做不喜欢做的事。

B．先做熟悉的事，再做不熟悉的事。

C．先做容易做的事，再做难做的事。

D．先做只需花费少量时间即可做好的事，再做需要花费大量时间才能做好的事。

E. 先处理资料齐全的事，再处理资料不齐全的事。

F. 先做排定时间的事，再做未排定时间的事。

G. 先做经过筹划的事，再做未经筹划的事。

H. 先做别人的事，再做自己的事。

I. 先做紧迫的事，再做不紧要的事。

J. 先做有趣的事，再做枯燥的事。

K. 先做易于完成的整件事或易于告一段落的事，再做难以完成的整件事或难以告一段落的事。

L. 先做自己所尊敬的人或与自己有密切的利害关系的人所拜托的事，再做自己所不尊敬的人或与自己没有密切的利害关系的人所拜托的事。

M. 先做已发生的事，后做未发生的事。[1]

这些做事的准则，可以说，基本上是不符合有效时间管理要求的，同时会对工作任务的落实起到一定的制约作用。

第二，把握排列做事次序的要义。做事次序的要义，是按“轻重缓急”办事。但是，许多人在排列做事次序时，却常常只考虑“缓急”，而忽视“轻重”。结果，使自己成了“急救队员”。虽然救了急，但是却使一些重要的事情束之高阁。

有一位时间管理专家曾经给他的学生们做过这样一个试验：

他拿出了一个很大的广口瓶子放到桌子上。随后，他取出一堆拳

---

1. 罗锐韧：《哈佛 MBA 经理手册》，企业管理出版社，1998 年 4 月版。

头大小的石块，把它们一块一块地放进瓶子里，直到石块高出瓶口再也放不下了为止。

他问学生们：“瓶子满了吗？”

所有的学生答道：“满了。”

他反问：“真的？”说着他从桌子下取出一小桶砾石，倒了一些进去，并轻轻敲击玻璃壁，使砾石填满石块间的间隙。

“现在瓶子满了吗？”

这一次学生有些明白了，“可能还没有。”一位学生低声答道。

“很好！”

他伸手从桌子下又拿出一小桶沙子，把它慢慢倒进玻璃瓶。沙子填满了石块的所有间隙。

他又一次问学生：“瓶子满了吗？”

“没满！”学生们大声说。

然后，他拿过一壶水倒进玻璃瓶，直到水面与瓶口齐平。他望着学生，“这个例子说明了什么？”

一个学生举手发言：“它告诉我们，无论你的时间表多么紧凑，如果你真的再加把劲，你还可以干更多的事！”

“不，那还不是它的真正寓意所在。”专家说，“这个例子告诉我们，如果你不先把大石块放进瓶子里，那么你就再也无法把它们放进去了。”

这个试验生动而形象地说明了“次序选择”的重要性。落实工作任务、排列做事次序时也是如此。

在排列做事次序时，正确的做法，应该是：先考虑事情的“轻重”，再考虑事情的“缓急”。

一般说来，下面的做事次序，是一个比较好的选择，值得落实主体参考：

一是重要且紧迫的事；

二是重要但不紧迫的事；

三是紧迫但不重要的事；

四是不紧迫也不重要的事。

“轻重”的判断依据是什么？“轻重”的判断依据，是对需要落实的工作目标的贡献大小。贡献大，程度就重；贡献小，程度就轻。因为领导或管理是以目标的实现为导向的。

第三，将主要精力用在关键的问题上。把握了排列做事次序的要义，我们在落实工作中，就要分清问题的轻重缓急。

要搞清楚什么是重要的，什么是可以舍弃的；什么是紧迫的，什么是可以暂缓的，将主要精力用在关键的问题上。也就是说，去做“重要而紧迫的事情”。

“文革”十年动乱，我国经济已经濒临崩溃的边缘，社会秩序十分混乱，形势非常严峻。1975 年初，邓小平同志复出后，担任国务院第一副总理、中央军委副主席兼总参谋长等职，他立即以非凡的胆略提出整顿企业、整顿经济。

当时全国经济工作局面很混乱，各条战线都积累了大量的问题，整顿经济工作要从哪里开始，并不是一个很好确定的问题。如果从规模较小、影响不大的行业开始整顿可能容易取得成功，但是当时却选择了铁路、钢铁等国民经济最重要的行业开始整顿。

当时最难整顿的就是铁路和钢铁企业。这都是人员较集中的场所，是当时国民经济的重点，所以也是“四人帮”破坏的重灾区，当时造反派的头头多出在这两个行业。整顿就是从铁路开始的，选择最难的问题先来解决，这是小平同志一贯的工作作风。他请万里同志出任铁道部部长，就是想从整顿铁路秩序入手，全面整顿国民经济。

1975 年 2 月中旬，邓小平同志召集谷牧、万里等同志到他家里谈整顿问题。他说，铁路是国民经济的命脉，特点是“高、大、半”（高度集中、大动脉、半军事化管理），所以整顿经济必须从整顿铁路秩序入手，并提出整顿内容与要求。

1975 年 2 月中共中央召开了解决铁路问题的各省、市、自治区党委主管工业的书记会议。邓小平同志在会上作了题为《全党讲大局，把国民经济搞上去》的讲话。并通过了《关于加强铁路工作的决定》，作为中共中央文件下发（即中央 9 号文件）。

邓小平重要讲话的传达和中央 9 号文件的下达执行，标志着 1975 年各条战线整顿工作的开始。会后铁道部部长万里率领工作组，先后在徐州等地，对问题严重的铁路局进行了重点整顿。集中解决领导班子问题，限期改正；到期不改，采取撤职、调离原单位等果断的组织措施，重新配备领导班子。并法办了 33 个煽动闹派性、武斗、停工停产的不法分子。经过一两个月的整顿，铁路运输的形势明显改观。全国铁路平均日装车数创造历史最高水平，列车正点率也大为提高。铁路整顿，带动了各行各业的整顿，全国工交生产和国民经济打破了停滞不前的徘徊局面。[1]

俗话说："牵牛要牵牛鼻子。"为什么牵牛要牵牛鼻子？有农村生活经验的人都知道，牵住了牛鼻子，牛就会驯服地跟着走。邓小平同志牵住了牛鼻子，选准了突破点，带动了全局的工作。

1. 贺耀敏：《邓小平 1975 年整顿为何从铁路开始》，《老年生活报》2007 年 4 月 20 日。

5. 牵牛必须牵牛鼻子，抓住关键破解难题

“当前，国内外形势正在发生深刻复杂变化，我国发展仍处于重要战略机遇期，前景十分光明，挑战也十分严峻。”[1] 面对严峻的挑战，各种复杂的工作任务纷至沓来。我们要有效地落实好这些复杂的工作任务，必须学会牵牛鼻子，能抓住问题的关键，否则，就无法应对复杂的局面，也无法有效落实复杂的工作任务。怎样才能抓住问题的关键呢?

第一，善于发现问题。发现问题是解决问题的逻辑起点，也是解决问题的前提和动力。所谓问题，就是需要落实的工作应该或可能达到的状态与现实状态之间的差距。

落实中的问题林林总总，但发现落实流程中的“短板”是一个很关键的问题。

1. 习近平：《决胜全面建成小康社会　夺取新时代中国特色社会主义伟大胜利——在中国共产党第十九次全国代表大会上的报告》，人民出版社，2017 年 10 月 18 日。

木桶理论告诉我们，一个由长短不一的木板组成的木桶，其盛水量的多少，并不取决于那块最长的木板，而是取决于那块最短的木板。要使现有的木桶多装水，就必须设法去增加那一块短木板的长度。

工作落实的流程，也经常会出现“短板”现象，即落实流程中最差的环节。

实践证明，落实流程的“短板”虽然“短”，但它却是影响整个工作落实的最大瓶颈。这也正如俗话所说的：“链条的最大强度取决于最薄弱的环节。”落实中最薄弱的环节决定了落实效率的上限。

因此，落实主体要提高落实的效率，必须狠抓薄弱环节，加长“短板”。落实主体要始终盯着“短板”做工作，在补“短”方面下功夫。

一是查找落实工作的“短板”。加长短板，首先要查找出落实流程中的“短板”所在。这样，才能有的放矢地去解决问题。

什么是“短板”，所谓“短板”，就是劣势，就是薄弱环节。就是重点和关键还没做到的地方。

查找“短板”，必须有认真的态度，必须有实事求是的精神，勇于面对劣势，敢于承认劣势。

不查找“短板”，找不到、解决不了“短板”，其他的“板”再长，也无济于事。

二是制定解决“短板”措施。查找出“短板”之后，还要针对“短板”，寻求解决问题之道，制定出补长的措施。

解决“短板”问题，一般采取“疏通”的方法。下面这个历史故事会给我们一些启迪：

古时候，燕国有一个叫赵礼的人，他有一块田地就在道路的旁边。

这条路有一段比较低洼。一到下雨的时候，路上就积了好多水，泥泞难行。行人便都从他的田里绕道走，踩坏了很多庄稼。为此，赵礼在他的地头插了块“禁止通行”的牌子。牌子插上后，行人仍然熟视无睹，照样走，照样踩。

赵礼很生气，便另生一法，在这段低洼路和田地中间挖了一条行人难以跨越的鸿沟。谁知适得其反，不仅没有堵住行人踩庄稼，反而由于行人要绕大弯子而踩了更多的庄稼。

后来，他冷静地想了想：人总是要走路的，而且不愿走坏路，如果我把这段路修好，他们不就可以不从田里绕了吗？于是，他排积水，填洼处，给行人铺了一段平坦的路。路铺好后，他田里的庄稼再也没被踩过。

这是一个很有哲理的小故事，它启示人们：“堵而抑之，不如疏而导之。”

制定补长的措施，不能短视，而要有前瞻的眼光，以免出现新的“短板”。

三是预防出现“短板”问题。不管是查找“短板”，还是制定解决“短板”的措施，都是“亡羊补牢”。

虽然亡羊补牢，犹未晚也。但如果一开始就能扎牢篱笆，未雨绸缪，岂不是更好。

所以，在落实工作的过程中，补长固然重要，但是防止“短板”

现象的出现，“防患于未然”，才是解决问题的根本之道。

第二，抓住主要矛盾。问题实质上就是矛盾。在事物发展的过程中，有许多矛盾存在，而且各种矛盾的发展又是不平衡的。其中居于支配地位、起着决定作用的矛盾，就是主要矛盾。而其他处于服从地位、从属地位的矛盾就是次要矛盾。

因为主要矛盾对事物的发展起决定作用，因此，要想使问题能够有效解决，必须抓住主要矛盾。

牵牛要牵牛鼻子。抓住了主要矛盾，即使是复杂的问题，也会迎刃而解。这就像汉朝人桓谭在《新论》中所说的：“举网以纲，千目皆张；振裘持领，万毛自整。”打渔时，抓住网上的大绳，网眼就张开了；整理皮袄时，抓住领口一抖，毛就理顺了。处理复杂问题，抓住了复杂问题的本质，就等于抓住了复杂问题的关键。也就像打渔时抓住了网上的大绳索；整理皮袄时抓住了领口。

这就要求我们，在发现问题的基础上，还要分析问题，分清矛盾的主次。

第三，寻求解决之道。抓住了主要矛盾，就要有解决主要矛盾之道。不同性质的矛盾，需要不同的解决方法。具体问题要具体分析。但从方法论的角度看，解决主要矛盾，需要有辩证思维，即在联系和发展中、在对立统一中认识问题。辩证思维告诉我们以下的道理：

一是对复杂问题要有正确的认识。有的人在遇到复杂问题的时候，总是习惯于将它想得很难解决。实际上并不是所有的复杂问题都难以解决，也并不是所有难解决的问题都是复杂问题。

组织成员对复杂问题要有正确的认识。如果认识不正确，就会给自身增加心理暗示，从而影响问题的解决。因为当我们认为它很难解决的时候，我们就会想方设法从难处入手来寻求解决之道，从而忽略了最容易、最简单的解决方法。

不仅如此，将问题想得过于复杂，想得过于难以解决，还会影响我们解决问题的信心，这无疑会使问题更加复杂，更加难以解决。因此，组织成员在遇到复杂问题时，不要一开始就把它想得特别难以解决。而是不仅要看到它的复杂性，看到它的难度，更要看到在它那复杂性的表层下所具有的简单性本质，以及解决的易度。

二是要学会复杂问题简单操作。“复杂”与“简单”是两个相对的哲学概念。认识这两个概念，应该具有辩证思维。复杂问题解决起来未必就困难，简单问题解决起来也不一定就容易。因此，面对复杂问题，我们应该善于运用简单性思维，学会复杂问题简单操作。

这种“简单”，并非是把问题简单化，而是揭开问题复杂性的外衣，或由繁入简，或删繁就简，直刺问题的本质。请看下面的故事：

美国首都华盛顿广场的杰斐逊纪念馆大厦，由于年代久远，建筑物表面斑驳陆离，并且出现了许多裂痕。虽然政府采取了很多措施，花费了大量的财力、物力，但依然无法遏制这种状态的发展。

后来，专家经过调查发现：导致这种状况出现的主要原因，是该大厦墙壁每日都要被冲洗，而冲刷墙壁所使用的清洁剂对建筑物有酸蚀作用。

那么，为什么要每天冲洗大厦的墙壁呢？因为大厦每天都要被大量的鸟粪弄脏。为什么这栋大厦有那么多鸟粪？因为大厦周围聚集了特别多的燕子。

燕子之所以聚集在这里，是因为大厦上有很多它们爱吃的蜘蛛；这里的蜘蛛之所以多，是因为这里有它们爱吃的飞虫；这里的飞虫之所以多，是因为这里有特别适宜它们繁殖的温床——阳光下的尘埃。而照射尘埃的阳光是从窗户透射进来的。

因此，飞虫以超常的速度繁殖着，给蜘蛛提供了大量的美餐，于是燕子飞来了……

找到了主要矛盾，复杂的问题也就简单了。问题不复杂，解决之道也就简单了：拉上窗帘，将阳光挡住。[1]

1.《深圳商报》2003年4月23日。

6. 走一步不妨看三步，加减兼用难题不难

南怀瑾先生在《易经杂说》中曾经说过这样一句话："宇宙的道理，都是一加一减，非常简单。"

既然宇宙的道理通过"一加一减"都可以诠释得很清楚，那么，落实主体在落实工作任务，遇到需要解决的问题时，也完全可以用"加减兼用"的方法来解决。

任何事物都是由不同的要素构成的。增加或减少其要素，就能改变事物的性质或状态。因此，落实主体在解决问题的过程中，加法和减法兼而用之，也会使问题得到根本解决。

事实证明：成功的领导者、管理者都是擅长做"加减法"的高手。比如，诺基亚的前 CEO 约玛·奥利拉就是典型的一位。

1865 年，诺基亚公司创立于芬兰的坦佩雷（Tampere）。在约玛·奥利拉担任诺基亚 CEO 之前，诺基亚的产品战线很长，除了主营移动通信产品，还生产电视机、电脑、电线甚至是胶鞋。由于公司经营不善，亏损严重，时任 CEO 的凯拉莫因不堪重负而自杀。

1992年，奥利拉临危受命，掌起了这只即将沉没的诺基亚之船。

奥利拉掌舵诺基亚之后，果断地"加减兼用"。他敏锐地意识到，移动通信产业正从模拟转向数字的变革，于是，他大胆做"加"法，专注于移动通信这个当时并不赚钱的主业；与此同时，他还果断地做"减"法，放弃了公司传统的核心业务，包括那些还在盈利的部门，集中资源做好移动通信尤其是手机业务。

正是由于"加减兼用"，他把诺基亚这只即将沉没的芬兰之船开到了世界这个汪洋大海。

"加减兼用"法的使用，说起来简单，但做起来其实是非常不容易的。运用这种方法的人，必须能够：

第一，审时度势，考虑全局。古人云："不谋全局者，不足以谋一域；不谋万世者，不足以谋一时。"

这前一句话说的是全局性，后一句话说的是预见性。约玛·奥利拉之所以能够成功地运用加减法，正是由于他的目光和远见，能走一步看三步，甚至看得更远。不独约玛·奥利拉，松下幸之助也是一个善用加减法的成功企业家。

从1964年起，松下公司开始研制大型电子计算机。历时5年，累计耗资十几亿日元。然而，就在研制工作进入最后阶段时，松下幸之助却突然宣布全盘放弃这项研制计划。

原来，松下幸之助认真地分析了市场的变化和竞争对手的实力之后，他权衡了利弊，果断地做出了这一决策。

事实表明，松下的决策是非常正确的。虽然他"断臂割肉"地损失了十几亿日元，但却没有伤公司的元气。但是，如果他不顾市场环境的变化，不顾竞争对手的实力，一味地“当仁不让”，其结果，必然是元气大伤，难敌竞争对手，最终走向毁灭。[1]

古人云：“与其临渊羡鱼，不如退而结网。”我们在落实工作任务的过程中，遇到“南墙”时，与其在“南墙”边上坐以待毙，还不如勇敢地“减”回来，另辟蹊径，寻找解决问题的办法。否则，该“减”不“减”，该“退”不“退”，最终只能成为“马嘉鱼”。

马嘉鱼平时栖息在大海深处。到了春夏之交，它们就逆流而上，到浅海处产卵。渔人了解到它们的习性后，就在它们要经过的水域撒上渔网拦截鱼群。

渔人拦截马嘉鱼的渔网很特别：由两只小船拖着一个孔眼大小不一的竹帘，竹帘的下端系上铁坠子，放入水中，来拦截鱼群。

马嘉鱼虽然外表很漂亮，但“思维”一根筋，不拐弯，即使是碰到了“罗网”，也不后退，只知道前进。结果，一条条美丽的马嘉鱼“前赴后继”地陷入竹帘孔中，最后，成了渔人的网中物，盘中餐。

第二，辩证思维，精于判断。所谓辩证思维，是指以全面的、变化的、发展的、联系的视角认识事物的思维方式。

这种思维方式能在诸多矛盾、诸多问题、诸多因素中，区分出主次矛盾，轻重问题，内因外因，从而有利于做出是加是减的准确判断。

春秋时，楚庄王准备讨伐陈国，便派使者去侦察陈国的情况。使

1. 臧德明：《以退为进有何妨》，《市场报》1998 年 11 月 2 日 第 5 版。

者侦察后回来报告说：“陈国是不能讨伐的，因为它城墙高，护城河深，积蓄的财物多。”

大臣宁国听了他的话，却认为，可以攻打陈国。他向楚庄王分析说：“陈国，是个小国家，而它积蓄的财物却很多。这表明它的赋税重，老百姓一定对国君怨恨不满了。城墙高，护城河深，则民力肯定疲惫不堪了。此时派兵攻打它，一定能够大获全胜。”

楚庄王接受了宁国所提出的建议，发兵攻打陈国，结果大获全胜，夺取了陈国。

正是辩证思维，让大臣宁国做出了准确的判断，从而促使楚庄王采用“加”法，派兵攻打陈国。

第三，科学预测，正确抉择。在解决问题的过程中，是增加要素还是减少要素，落实主体不仅要具有辩证思维，还要能够科学预测，正确抉择。

科学预测是正确抉择的前提。科学的预测能为落实主体提供有科学依据的估计和判断，从而为正确抉择奠定基础。

“凡事预则立，不预则废”。当年，毛泽东在抗日战争初期就敏锐地预见到，抗日战争是个持久战，要经历战略防御、战略相持、战略反攻三个阶段。从而为我们党制定正确的战略提供了根本依据。

科学预测不是算命先生。它是建立在丰富的阅历、渊博的知识、深入的调查、缜密的分析和正确判断基础之上的。曾看到过这样一个故事：

有位商人到一个城市去了解行情，准备去做生意。他发现，这个城市的盲人多，便想：盲人多，卖唱的就多；卖唱的多，胡琴就用得多，胡琴用得多，包胡琴的猫皮就用得多；猫皮用得多，杀的猫就多；杀的猫多，老鼠就多；老鼠多，咬坏的木箱就多。

因此，这位商人就据此做出了一项抉择：贩运一批木箱来这里出售。结果可想而知，他赔了个精光。

很显然，他的“加”法加错了。

7. 突破一点取得经验，以点带面推动落实

突破一点取得经验，以点带面推动落实，就是一般号召与个别指导相结合的方法。所谓一般号召与个别指导相结合，就是部署工作，阐明一般意见，发出一般号召之后，选择几个具体单位或部门，深入调查研究，详细了解其工作进展情况，并指导这些单位具体解决工作中的难点，借以取得经验，反过来对面上的工作做普遍性的指导，推动工作部署的落实。

使用这种方法，既能推动全局和指导面上的工作，又能从点上了解情况，发现问题，取得经验，然后，以点带面，推动面上的工作。

毛泽东同志认为，一般号召与个别指导相结合的方法，是我们共产党人无论进行任何工作时都必须采用的方法。他说，任何工作任务，如果没有一般的普遍号召，就不能动员广大群众行动起来。但如果只限于一般号召，而领导人员没有具体地直接地从若干组织将所号召的工作深入实施，突破一点，取得经验，然后利用这种经验去指导其他单位，就无法考验自己提出的一般号召是否正确，也无法充实一般号

召的内容，就有使一般号召归于落空的危险。运用这个方法推动上级决策和工作任务的落实，要注意以下几点：

第一，工作任务的部署要实事求是。一般号召的提出，必须要符合客观实际情况，充分反映群众的愿望和利益诉求，代表人民群众的根本利益。而且，工作任务的部署，一般号召的提出，应该是明确的、具体的，而不能是一些空洞的概念和抽象的说法。

第二，个别指导要是真正的指导。一般号召与个别指导相结合的方法，是一般号召在前，个别指导在后，二者相辅相成，统一于具体的工作实践。

那么，如何进行个别指导？毛泽东同志在总结 1942 年解放区各地整风的成功的经验时，对一般号召和个别指导相结合的工作方法的运用，对实现个别指导，曾提出这样的具体要求："除一般号召外，必须在自己机关中和附近机关、学校、部队中选择二三个单位（不要很多），深入研究，详细了解整风学习在这些单位的发展过程，详细了解这些单位中若干个（也不要很多）有代表性的工作人员的政治经历、思想特点、学习勤惰和工作优劣，并亲自指导这些单位的负责人具体地解决各单位的实际问题，借以取得经验。"

毛泽东同志这些对个别指导的规范性的要求，在今天仍然具有重要的指导意义，只有老老实实地深入群众之中，直接地具体地做这些看来琐细的事情，一丝不苟，调查研究，分析综合，才能使一般号召和个别指导很好地结合起来，才能谈得上创造性地工作，从而达到预期目的。

第三，一般号召与个别指导相结合，必须以群众路线为前提。这就是说，只有从群众中来，才能形成一般号召，只有再到群众中去，对群众进行个别指导，一般号召才能得到检验、修正或补充，也才能形成新的一般号召。

毛泽东同志在《关于领导方法的若干问题》中认为，一般号召与个别指导相结合的方法只是群众路线方法的一个组成部分。一般号召从群众中来，从个别指导中来，具体化为实践所需要的形式，并接受实践的检验，它才能发挥出重要作用；个别指导是一般号召的基础，离开了个别指导，一般号召就成了无源之水，无本之木，就有落空的危险，但只有当它接受了一般号召的指导时，它才是明确的，有效的。

请看习近平总书记是怎样运用一般号召与个别指导相结合的方法来推动党的群众路线教育实践活动落实的。

2013 年 4 月 19 日，中共中央政治局召开会议，决定从 2013 年下半年开始，用一年左右的时间，在全党自上而下分批开展以“为民务实清廉”为主要内容的党的群众路线教育实践活动。

为了保证党的群众路线教育实践活动取得实效，习近平同志要求全党，要以整风精神开展批评和自我批评，开好民主生活会，坚持开门搞活动。在一般号召的基础上，2013 年 9 月 23 日至 25 日，习近平同志来到教育实践活动联系省份河北，全程参加并指导省委常委班子专题民主生活会。

4 个半天的民主生活会，习近平一边听一边记，不时插话询问，进行点评指导。在当地党政主要负责人的对照检查及其他常委对他们的批评结束后，习近平进行了集中点评。他说，开门搞活动，广泛听取群众意见，是中国特色社会主义民主的生动实践，中国特色社会主义民主的本质是人民当家作主。河北在活动中认真听取各方面意见，搞“三堂会诊”，值得肯定。他还说，“功成不必在我”，实际上就是要处理好大我和小我的关系，长远利益、根本利益和个人抱负、个人利益的关系。想要干事、想出政绩是对的，但不能为了出政绩都要自己另搞一套，换一届领导就兜底翻，三天打鱼两天晒网，那就什么事情也干不成。他还针对常委们查摆出来的官本位、理想信念、政治纪律等问题，联系自己的经历和实践，谈了深刻认识。

25 日上午，在专题民主生活会即将结束时，习近平发表重要讲话。他针对大家对照检查出来的突出问题，提出了 4 个方面的要求。

——坚定理想信念，切实解决好世界观、人生观、价值观这个“总开关”问题。“总开关”问题没有解决好，这样那样的出轨越界、跑冒滴漏就在所难免。在作风问题上，起决定作用的是党性。衡量党性强弱的根本尺子是公、私二字。作为党的干部，就是要全心全意为人民服务，就是要诚心诚意为党和人民事业奋斗，就是要讲大公无私、公私分明、先公后私、公而忘私。只有一心为公，事事出于公心，才能有正确的是非观、义利观、权力观、事业观，才能把群众装在心里，才能坦荡做人、谨慎用权，才能光明正大、堂堂正正。

——树立正确政绩观，切实抓好打基础利长远的工作。一张蓝图抓到底，不仅需要科学决策，也需要思想境界。要坚决把中央关于推动经济社会又好又快发展的要求落到实处，不要顾虑重重、瞻前顾后，更不要为生产总值增长率、全国排位等纠结。中央看一个地方工作得怎么样，不会仅仅看生产总值增长率，而是要看全面工作，看解决自身发展中突出矛盾和问题的成效。

——发扬钉钉子的精神，切实把工作落到实处。“空谈误国，实干兴邦”是具体的，要落实到方方面面的工作中去。要时刻牢记目标，统一思想、一致行动，踏石留印、抓铁有痕，过了一山再登一峰，跨过一沟再越一壑，决战决胜打好调整经济结构、化解过剩产能这场攻坚战。

——坚持正确用人导向，引导广大干部真抓实干。各级党委及其组织部门要坚持正确用人导向，以实际行动让干部感受到组织上的公道、公平、公正。要严明组织人事纪律，对跑官要官、买官卖官的决不姑息，发现一起查处一起。[1]

一般号召和个别指导相结合的方法，是马克思主义关于矛盾普遍性和矛盾特殊性的辩证统一的观点在指导党的工作上的具体应用。一般号召与个别指导是一个循环往复的过程，二者不是截然分开的。

以“为民务实清廉”为主要内容的党的群众路线教育实践活动，就主要采取了一般号召与个别指导相结合的工作方法。首先是中共中央部署，党的群众路线教育实践活动于2013年6月18日启动。一年左右的时间里，活动紧紧围绕保持和发展党的先进性和纯洁性，以“为民、务实、清廉”为主要内容，按照“照镜子、正衣冠、洗洗澡、治

1.《习近平参加河北省委常委班子专题民主生活会纪实》，2013年9月27日新华网。

治病”的总要求，自上而下在中共全党深入开展。整个学习教育实践活动分为三个环节：学习教育、听取意见；查摆问题、开展批评；整改落实、建章立制。这是一般号召。在此基础上，2013 年 9 月 23 日至 25 日，习近平同志来到教育实践活动联系省份河北，全程参加省委常委班子专题民主生活会，这是个别指导。一般号召与个别指导相结合，才能从方法上保障这次学习教育实践活动既能普遍面广，又能保证取得实际成效。

8. 具体问题具体分析，调查研究发现问题

有个美国人去俄罗斯旅游。有一天，在俄罗斯的一条马路边上，他看到了一个奇怪的现象：

一个俄罗斯人拿着铲子在路边挖坑，每隔 3 公尺挖一个。他干得很认真，坑也挖得很工整。另一个工人却跟在他的后面，把他刚挖好的坑立刻回填起来，还踩得很结实。

美国人觉得奇怪，便问那一位挖坑的俄罗斯工人："为什么你们一个挖坑，另一个马上便把坑给填起来呢？"

那个挖坑的工人回答道："我们是在绿化道路。根据规定，我负责挖坑，第二个人负责种树，第三个人负责填土。不过，今天第二个人请假没来。"

这是一个冷笑话。这个冷笑话可以给我们这样的启示：机械地落实执行，其后果不亚于不落实、不执行。事实的确如此。北京某区，就发生过这样一件事情：

气象台预报某日有暴雪，区里有关部门立即开会，部署应对预案。

根据应对预案，有的部门负责扫雪，有的部门负责撒盐。但这一日天气预报失误，天没下雪。可是撒盐车照常上路撒盐。听起来像个笑话，但是这个笑话让人心里很不舒坦。很显然，这就是机械落实执行的表现。

落实，必须具体问题具体分析，原则性与灵活性相结合。事实上，中央的每一项政策，都是面向全国 960 万平方公里、13 多亿人口的，不可能是解决每一个地方的具体措施。因此，落实，必须把中央的精神和当地的实际紧密结合起来，创造性地开展工作，做到“不离上级谱，唱好自己的戏；学好北京话，说好地方话”。

第一，正确地理解上级的决策。落实上级决策，首先要正确地理解上级的决策，在吃透精神、系统把握的基础上，坚决而忠实地予以落实执行。否则，理解错误，或者断章取义，就会南辕北辙。南辕北辙，即使落实主体再卖力气，再下功夫也是一个失败的结果。

比如，落实十九大精神，落实主体就要认真学习十九大报告，搞清楚以下几方面的问题：清楚党的十九大的鲜明主题；清楚习近平新时代中国特色社会主义思想的丰富内涵；清楚党的十八大以来党和国家事业发生的历史性变革；清楚中国特色社会主义进入新时代的重大意义；清楚我国社会主要矛盾变化的深远影响；清楚“两个一百年”奋斗目标；清楚坚定不移全面从严治党的重大部署。

第二，把握具体的实际情况。落实主体在深刻领悟上级决策精神的同时，还要把握本地区、本部门、本单位的具体实际情况，把中央的精神和本地区、本单位、本部门的实际紧密结合起来，创造性地开展工作。一具体，就深入。如何具体？

一是把握具体标准。一项工作做到什么样的程度算作落实，如果没有具体的标准，难以作出判断。要解决这一问题，就要对各项工作的完成程度，确立一定的标准，这样才能避免落实不到位的现象。

二是把握具体问题。落实就是要解决问题，而问题总是具体的。这就要求各级领导干部带领人民群众把一个一个具体的问题解决好。

三是把握具体措施。所谓把握具体措施，就是采用具体的措施和方法来推进中央政令、上级决策和本地区、本部门（单位）工作的落实。

四是把握具体制度。把握具体制度，是以长效机制来保证中央政令、上级决策和本地区、本部门（单位）工作的落实。

第三，深入调查研究。把握具体的实际情况，要深入地进行调查研究。重视调查研究，是我们党在革命、建设、改革开放各个历史时期做好党的工作的一种重要的方法经验。运用调查研究这一方法，需要注意以下几个方面的问题：

一是搞好调查研究，必须深入实际、深入基层、深入群众。调查研究，是对客观实际情况的调查了解和分析研究，目的是要把事情的真相和全貌调查清楚，把问题的本质和规律把握准确，把解决问题的思路和对策研究透彻。这就要求调查研究者必须深入实际、深入基层、深入群众，多层次、多方位、多渠道地进行调查了解情况。只有这样，才能获得新情况，找出解决问题的新视角、新思路和新对策。

二是搞好调查研究，必须从群众中来、到群众中去，广泛听取群众的意见。人民群众的社会实践，是我们获得正确认识的源泉，也是检验和深化我们认识的根本所在。调查研究成果的质量如何，形成的意见正确与否，最终都要经过人民群众的实践来进行检验。落实主体进行调查研究，要放下架子、扑下身子，深入到人民群众当中，倾听他们的呼声，体察他们的情绪，感受他们的疾苦，总结他们的经验，吸取他们的智慧。

三是搞好调查研究，必须一切从实际情况出发，坚持实事求是的原则，树立求真务实的作风。没有调查，就没有发言权。一切结论应该产生在调查研究之后，而不是事先定好调子。调查研究一定要做到不唯书、不唯上、只唯实。请看刘少奇同志当年是怎样调查研究的：

1961年，刘少奇同志来到湖南某地调查。他谢绝了当地领导的安排，住在一个养猪场的饲料房里。身边的工作人员见他用的被褥过于单薄，便想弄点稻草给他铺铺床。结果，找了半天，也没找到一把。这件事使刘少奇同志感触很深：种水稻的地方竟然找不到稻草。

一天，刘少奇同志到住地后面的山上散步，看到一摊已经风干了的大便。便走过去用脚搓开，弯下腰仔细察看了一下，然后，对随行的人说："你们看，这里面没有多少粮食，农民吃饭已经成了问题。"

在调查中，刘少奇同志为了能看到真实的情况，他常常采用"突然袭击"的方式，"闯"到社员家，看农民吃什么。当他看到身患水肿病的社员艰难地吞咽代食品时，他的眼睛湿润了，语调低沉地说："我对不起你们，对不起大家，搞得大家没有饭吃。"

经过脚踏实地地调查，刘少奇同志掌握了大量的真实情况。这些真实情况为中央制定大政方针提供了可参考的第一手资料。

主要参考书目

1. 西武：《做事做到位》，中国民航出版社，2004 年 10 月版。
2. 王健：《超越性思维》，复旦大学出版社，2003 年 9 月版。
3. 刘玉瑛：《关键在于落实》，新华出版社，2006 年 6 月版。
4. 甘华鸣：《赢——向杰克·韦尔奇学执行》，中国物资出版社，2005 年 8 月版。
5. 罗锐韧：《哈佛 MBA 经理手册》，企业管理出版社，1998 年 4 月版。
6. 牛晶晶：《执行——高效能地完成任务》，朝华出版社，2005 年 1 月版。
7. 陈秀梅、于亚博：《领导艺术古今谈》，红旗出版社，1996 年 9 月版。
8. 王健：《超越性思维》，复旦大学出版社，2003 年 9 月版。
9. 王伟涛：《执行重在到位 关键在于落实》，中国纺织出版社，2009 年 3 月版。